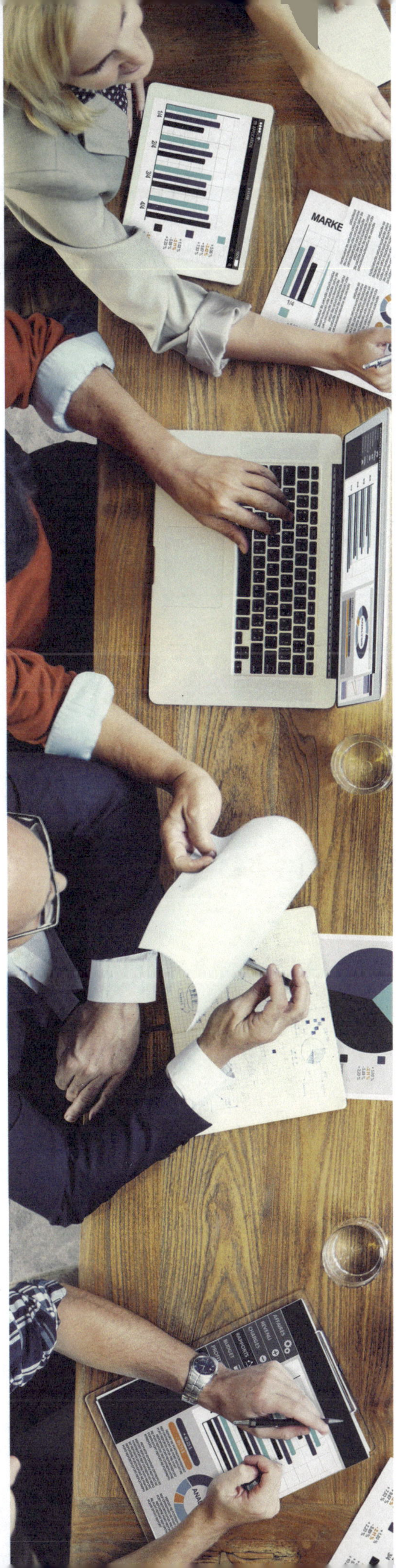

D.-Claude Laroche
Hugo Lesley

Les activités de contrôle

Grilles d'analyse

Dans le cadre de la compréhension et de l'évaluation du contrôle interne lors de l'audit indépendant des états financiers

JFD Éditions

Les activités de contrôle : grilles d'analyse – *Dans le cadre de la compréhension et de l'évaluation du contrôle interne lors de l'audit indépendant des états financiers*

Catalogage avant publication de Bibliothèque et Archives nationales du Québec et Bibliothèque et Archives Canada

Laroche, D.-Claude
Lesley, Hugo.

Les activités de contrôle : grilles d'analyse – *Dans le cadre de la compréhension et de l'évaluation du contrôle interne lors de l'audit indépendant des états financiers*

Comprend des références bibliographiques

ISBN 978-2-923710-86-0

1. Audit – Manuels d'enseignement supérieur. I. Titre. II. Collection : Collection Manuels pédagogiques.

HF5668.25.L37 2015 657'.458 C2015-941061-4

Les Éditions JFD inc.
CP 15 Succ. Rosemont
Montréal (Qc)
H1X 3B6
Téléphone : 514-999-4483
Courriel : info@editionsjfd.com
www.editionsjfd.com

ISBN : 978-2-923710-86-0
Dépôt légal : 3e trimestre 2015
Bibliothèque et Archives nationales du Québec
Bibliothèque et Archives Canada

Graphisme et infographie : Jonathan Lemarcheur et Adrien Rowen
Infographie de la page couverture : Jean-Sébastien Delorme
Révision : Interscript et Marie Gravel

Imprimé au Québec, Canada

Préface

Dans le cadre de nos cours, nos étudiants ont à effectuer un travail « pratique » en entreprise relié à l'évaluation du contrôle interne. Nous avons alors observé la difficulté des étudiants à évaluer la contribution des procédures de contrôles, particulièrement celles reliées aux « activités de contrôle » lors de l'évaluation du risque lié au contrôle. Nous avons donc commencé à utiliser des grilles d'analyse pour les guider dans ce travail. Certes, l'utilisation de telles grilles comporte une partie « d'arbitraire » notamment en ce qui a trait à la contribution d'une procédure de contrôle pour contrer une anomalie reliée à une assertion. Toutefois, nous avons constaté également que cette formalisation du jugement permet, par la suite, d'étendre l'évaluation à d'autres situations.

Le présent ouvrage situe d'abord, brièvement, le contexte dans lequel s'effectue l'évaluation du contrôle interne dans le cadre de la compréhension et de l'évaluation du contrôle interne lors de l'audit des états financiers. Précisons que nous mettons toutefois l'accent sur les activités de contrôle. Par la suite, nous introduisons les grilles d'analyse qui sont présentées à la fois par assertion et par anomalie. Enfin, nous fournissons également un ensemble de tableaux et schémas faisant lien avec l'ensemble des notions d'audit.

Nous croyons que les grilles d'analyse ici fournies pourraient aider, non seulement nos étudiants, mais aussi toute personne s'intéressant à l'audit. Une personne n'ayant pas de formation comptable pourrait tirer profit des grilles d'analyse afin d'effectuer un diagnostic de la qualité du contrôle interne et identifier des activités de contrôle qui peuvent être mises en place afin de pallier à certaines lacunes de contrôle. La notion de contrôle, particulièrement dans le cadre de l'audit, soulève de « beaux défis »; nous espérons y contribuer.

Remerciements

Nous aimerions, en tout premier lieu, remercier les étudiants qui sont pour nous une source d'inspiration et de motivation constante tout au long des années. Nos remerciements vont également à HEC Montréal pour le support à la fois pédagogique et matériel prodigué. Merci à Denise, notre secrétaire, qui a contribué à la mise en page des versions préliminaires de ce volume. Nous aimerions également souligner l'apport chaleureux et compréhensif de tout le personnel des Éditions JFD. Enfin, nous voulons également mentionner l'appui inestimable de nos familles. À Lucie, la conjointe de Claude, pour tout le support, les encouragements, l'amour manifesté tout au cours de ce projet. Aussi une marque d'affection pour Jean-François, Louis-Alexandre, Nicolas, Annabelle, Anny, Assunta et Charles. À Annick, la conjointe de Hugo, pour la qualité et la justesse de ses conseils, son perfectionnisme, le temps accordé ainsi que l'amour manifesté. Également, une marque d'affection pour Henri, Marie-Rose et Félix-Antoine.

Claude et Hugo

Tables des matières

I
Présentation des concepts

Cette publication vise à présenter des grilles d'analyse se rapportant à différentes procédures de contrôle interne qui seraient d'intérêt pour un auditeur dans son évaluation du risque d'anomalies significatives dans le cadre de l'audit des états financiers. Nous présentons également, sous forme de tableau, les principaux concepts qui encadrent ces grilles d'analyse.

Dans le processus d'audit, l'auditeur doit acquérir une compréhension de l'entité et son environnement, y compris son contrôle interne. Le Tableau 1 décrit les principaux aspects à considérer. (Des renvois sont faits à des annexes pour chacun de ces éléments.)

Tableau 1
Éléments de la compréhension de l'entité et son environnement

<table>
<tr><th colspan="2">Compréhension</th></tr>
<tr><td>a) L'environnement externe de l'entité (Annexe A1);

b) La nature de l'entité (Annexe A2) :
– Activités de l'entreprise et organisation interne,
– Investissements,
– Financement et mode de propriété,
– La structure de gouvernance,
– Information financière et choix et application des méthodes comptables;

c) Objectifs et stratégies de l'entité ainsi que des risques d'entreprise connexes (Annexe A3);</td><td>d) La mesure et l'analyse de la performance financière de l'entité. (Annexe A4);

e) Le contrôle interne :
– L'environnement de contrôle (Annexe A5),
– Processus d'évaluation des risques par l'entité (Annexe A5),
– Système d'information pertinent pour l'information financière, et la communication (Annexe A5),
– Activités de contrôle (Annexe A5),
– Suivi des contrôles (Annexe A5).</td></tr>
<tr><td colspan="2">Cette compréhension s'inscrit dans la démarche générale d'audit présentée au Tableau 2.</td></tr>
</table>

Tableau 2
Démarche générale de l'audit

<table>
<tr><td colspan="5">COMPRÉHENSION DE L'ENTITÉ ET SON ENVIRONNEMENT
<u>y compris son contrôle interne</u>
(ANNEXE B1)</td></tr>
<tr><td rowspan="4">DÉTERMINATION DU SEUIL DE SIGNIFICATION</td><td colspan="4">ÉVALUATION DES RISQUES</td></tr>
<tr><td rowspan="3">RISQUE D'AUDIT</td><td colspan="3">RISQUES D'ANOMALIES SIGNIFICATIVES (RAS)
Risque inhérent (RI) et Risque lié au contrôle (RLC) évalués de manière combinée ou séparée
(Annexes B2 et B3)</td></tr>
<tr><td>Risques importants</td><td>Risques associés à des opérations ne pouvant être auditées uniquement par des procédures de corroboration</td><td>Autres risques pertinents</td></tr>
<tr><td colspan="3">▪ Risques ayant un impact généralisé sur les états financiers
▪ Risques par poste et assertion</td></tr>
<tr><td colspan="5">RÉPONSES À L'ÉVALUATION DES RISQUES D'ANOMALIES SIGNIFICATIVES
(RISQUE DE NON DÉTECTION)</td></tr>
<tr><td colspan="5">RÉPONSES GLOBALES</td></tr>
<tr><td colspan="5">PROCÉDURES D'AUDIT EN RÉPONSE À L'ÉVALUATION DES RISQUES D'ANOMALIES SIGNIFICATIVES AU NIVEAU DES ASSERTIONS (nature, étendue, calendrier)</td></tr>
<tr><td colspan="2">STRATÉGIE MIXTE
(Tableau 5)</td><td colspan="3">STRATÉGIE CORROBORATIVE
(Tableau 5)</td></tr>
<tr><td colspan="5">RÉSULTAT DES PROCÉDURES D'AUDIT</td></tr>
<tr><td colspan="5">RAPPORT ET COMMUNICATIONS</td></tr>
</table>

La présente publication concerne plus précisément l'un des volets de la compréhension de l'entité : **les activités de contrôle.** Nous déployons, en annexe, les autres volets de cette compréhension qui s'inscrivent dans la démarche générale de l'audit.

Tableau 3
Activités de contrôle

<table>
<tr><th colspan="2">Activités de contrôle – définition</th></tr>
<tr><td>Correspondent aux politiques et procédures qui permettent de s'assurer que les instructions de la direction sont mises en place.</td><td>Comprennent notamment celles qui ont trait :
i. Aux autorisations;
ii. À la séparation des tâches;
iii. Au traitement de l'information;
iv. Aux contrôles physiques;
v. Aux évaluations des performances.</td></tr>
<tr><th colspan="2">Objectif de l'auditeur</th></tr>
<tr><td colspan="2">L'auditeur doit acquérir une compréhension des activités de contrôle pertinentes pour l'audit :
i. Soit celles qu'il juge nécessaire de comprendre pour évaluer les risques d'anomalies significatives au niveau des assertions et;
ii. Afin de concevoir des procédures d'audit complémentaires en réponse à son évaluation des risques.
Source : extraits et adaptation du NCA315</td></tr>
</table>

Les « activités de contrôle » constituent l'une des composantes du contrôle interne (voir Tableau 1), il en constitue une part très importante de l'ensemble des contrôles. En effet, les politiques et procédures qui les composent touchent habituellement tous les aspects opérationnels de l'entité. Dans son application pratique, l'évaluation de ces procédures, aux fins de l'audit, constituera une part importante des moyens utilisés, puisqu'elles touchent chacun des postes et chacune des assertions dans l'évaluation des risques d'anomalies significatives.

On entend par procédures de contrôle, les différents mécanismes qui sont mis en place par une entité afin de s'assurer que ses directives sont mises en œuvre. Une procédure de contrôle est habituellement associée à des politiques de contrôle. Celles-ci permettent d'établir des lignes directrices s'appliquant à la gestion d'une situation donnée. De fait, politiques et procédures vont de pair.

Étant donné que les entreprises peuvent mettre en place un grand nombre de procédures qui vont de l'embauche du personnel jusqu'aux procédures de fixation des prix de vente par exemple, l'auditeur doit déterminer ce qui est pertinent pour l'audit. Évidemment, sa première préoccupation est d'identifier les sources d'anomalies significatives en regard des états financiers. Les normes d'audit précisent les activités de contrôle « pertinentes » pour l'audit (Tableau 4).

Tableau 4
Activités de contrôle pertinentes pour l'audit

1	**Celles liées à des risques importants c'est-à-dire :** – Le risque de fraude[1]; – Le risque lié à des faits nouveaux importants de nature économique, comptable ou autre; – La complexité des opérations; – Le risque associé à des opérations importantes avec des parties liées; – Le degré de subjectivité dans l'évaluation des informations financières concernant le risque, en particulier dans les cas où l'évaluation comporte une large fourchette d'incertitude de mesure; – Le risque associé à des opérations importantes qui ont été conclues hors du cadre normal des activités de l'entité, ou qui semblent par ailleurs inhabituelles.
2	**Celles liées à des risques pour lesquels les procédures de corroboration seules ne peuvent fournir des éléments probants suffisants et appropriés :** – Pour certains risques, lorsqu'il n'est pas possible ou faisable d'obtenir des éléments probants suffisants et appropriés au moyen de procédures de corroboration seulement; – De tels risques peuvent être liés à l'enregistrement inexact ou erroné de catégories courantes et importantes d'opérations ou de soldes de comptes, dont les caractéristiques permettent souvent un traitement hautement automatisé nécessitant peu ou pas d'intervention manuelle. Les contrôles de l'entité à l'égard de ces risques étant alors pertinents pour l'audit, l'auditeur doit en acquérir une compréhension.
3	**Celles considérées comme pertinentes selon le jugement de l'auditeur[2, 3]** Le jugement que porte l'auditeur sur le caractère pertinent ou non d'une activité de contrôle pour l'audit est influencé : – Par la possibilité qu'un risque qu'il a identifié puisse entraîner une anomalie significative et; – Par son appréciation de l'opportunité de tester ou non l'efficacité du fonctionnement et des contrôles pour déterminer l'étendue des procédures de corroboration.

Source : extraits et adaptation de NCA 315, 20-21, A96-105

[1] La NCA 240 sur les responsabilités de l'auditeur concernant les fraudes lors d'un audit d'états financiers indique aux paragraphes :

> 26. Lors de l'identification et de l'évaluation des risques d'anomalies significatives résultant de fraudes, en se fondant sur la présomption qu'il existe des risques de fraude dans la comptabilisation des produits, l'auditeur doit évaluer quelles catégories de produits, d'opérations génératrices de produits ou d'assertions peuvent être à l'origine de tels risques.
>
> [Des précisions sont données] sur la documentation exigée de l'auditeur dans les cas où il conclut que la présomption ne s'applique pas dans le contexte de la mission et qu'il n'a donc pas identifié la comptabilisation des produits comme étant à l'origine d'un risque d'anomalies significatives résultant de fraudes.
>
> 27. L'auditeur doit considérer les risques d'anomalies significatives résultant de fraudes qu'il a identifiés comme des risques importants et, en conséquence [...] acquérir une compréhension des contrôles correspondants de l'entité, y compris les activités de contrôle, qui sont pertinents par rapport à ces risques.

[2] Voir également les éléments de la compréhension du système d'information pertinent pour l'information financière, en ce qui concerne la compréhension « [...] des contrôles afférents aux écritures de journal, y compris les écritures non courantes servant à constater les opérations ou ajustements non récurrents ou inhabituels ».

[3] On considère généralement que les activités de contrôle relié aux risques informatiques sont pertinentes pour l'audit.

Il y aura obligation d'acquérir la compréhension des activités de contrôle pour les risques importants; pour les risques reliés à l'informatique; pour les risques pour lesquels on devra se fier sur le contrôle interne car il sera impossible d'appliquer uniquement des procédures de corroboration. De plus, l'auditeur doit aussi considérer tout autre risque qui pourrait générer un risque d'anomalies significatives; tout en considérant la meilleure façon de procéder à l'audit de ce risque – il se pourrait alors qu'il décide de ne pas considérer les activités de contrôle car il serait plus efficace de procéder uniquement par corroboration. Tous ces choix permettent de fixer ce que l'on appelle les approches ou les stratégies mixte et corroborative par poste et par assertion (Tableaux 5 et 6).

Tableau 5
Approches (stratégies) « mixte » et « corroborative »

Approches (stratégies) / Par poste/assertion	**Approche (stratégie) mixte** axée sur la fiabilité des contrôles + procédures de corroboration	**Approche (stratégie) corroborative** axée sur les procédures de corroboration uniquement
Nature des procédures d'audit selon la stratégie choisie	– Tests des contrôles[4] (efficacité des contrôles).	– Aucun test d'efficacité des contrôles.
	– Procédures de corroboration (tests de détail et procédures analytiques).	– Procédures de corroboration uniquement (tests de détail et procédures analytiques).
Prise en compte de notions d'efficience et d'économie (mix tests des contrôles et des procédures de corroboration)	– Le choix entre la stratégie mixte ou corroborative peut aussi faire intervenir des considérations ÉCONOMIQUES ET D'EFFICIENCE même si le contrôle interne est « bon ». Est-il préférable d'appliquer 1) des tests de contrôles + procédures de corroboration par rapport à 2) des procédures de corroboration uniquement?	
Prise en compte des risques importants d'anomalies significatives (AS)	Lorsqu'il y a des risques importants d'AS : – À cause du risque important d'AS, les procédures doivent être très bien « ciblées »; – Particularités : les tests des contrôles doivent être appliqués tous les ans (pas de rotation des tests). Les procédures de corroboration doivent comprendre : des procédures analytiques **et** des tests de détail. Les procédures analytiques comme seules procédures de corroboration ne sont pas permises.	Lorsqu'il y a des risques importants d'AS : – À cause du risque important d'AS, les procédures doivent être très bien « ciblées »; – Particularités : les procédures de corroboration doivent comprendre : des procédures analytiques **et** des tests de détail. Les procédures analytiques comme seules procédures de corroboration ne sont pas permises.
Prise en compte des cas où il est impossible de n'appliquer que des procédures de corroboration (par exemple pour des applications dans des systèmes hautement technologiques c.-à-d. dépendance technologique – absence de piste d'audit)	– Il faudra obligatoirement se fier sur le système. Donc exige la mise en place d'une approche (stratégie) mixte (grande fiabilité exigée des tests des contrôles).	– Il est impossible d'appliquer une approche (stratégie) corroborative dans ce cas.

[4] Il sera également possible de considérer un plan de rotation des tests des contrôles dans le cas d'une stratégie mixte.

Tableau 6
Assertions

	Les catégories d'opérations et les événements de la période auditée	Les soldes de comptes en fin de période	La présentation et les informations fournies
1	**Réalité :** les opérations et les événements qui ont été enregistrés **se sont produits et se rapportent à l'entité**.	**Existence :** les actifs, les passifs et les éléments de capitaux propres **existent**; **Droits et obligations :** l'entité **détient** ou contrôle les droits sur les actifs, et les passifs correspondent aux **obligations** de l'entité.	**Réalité, droits et obligations :** les événements, opérations et autres éléments communiqués **se sont produits et se rapportent à l'entité**.
2	**Exhaustivité : toutes** les opérations et tous les événements qui auraient dû être enregistrés l'ont bien été.	**Exhaustivité : tous** les actifs, tous les passifs et tous les éléments de capitaux propres qui auraient dû être enregistrés l'ont bien été.	**Exhaustivité : toutes** les informations qui auraient dû être fournies dans les états financiers l'ont bien été.
3	**Exactitude :** les **montants** et **autres données** qui se rapportent à ces opérations et événements ont été enregistrés de **façon appropriée**.	**Évaluation et imputation :** les actifs, les passifs et les éléments de capitaux propres sont inscrits dans les états financiers pour les **bons montants** et tous les ajustements résultant de leur évaluation ou imputation sont correctement enregistrés.	**Exactitude et évaluation :** les informations financières et autres sont données **fidèlement et pour les bons montants.**
4	**Séparation des périodes :** les opérations et les événements ont été enregistrés dans la **bonne période**.		
5	**Classement :** les opérations et les événements ont été enregistrés dans les **bons comptes**.		**Classement et intelligibilité :** les informations financières sont présentées et **décrites de façon appropriée** et les informations fournies sont **communiquées clairement**.

Source : extraits et adaptation NCA 315, A111.

II

Les procédures de contrôle reliées aux activités de contrôle

Aux fins du présent document, les procédures de contrôle, dont les éléments sont présentés au Tableau 7, sont constituées des mécanismes de contrôle qui sont établis et maintenus par la direction afin de contribuer à la fiabilité des données et de l'information. Les procédures de contrôle sont présentées, à partir de la page 45, sous forme de grilles d'analyse reliées aux risques qu'elles permettent de réduire.

Elles concernent ce qui a trait :

i. Aux autorisations;
ii. À la séparation des tâches;
iii. Au traitement de l'information;
iv. Aux contrôles physiques;
v. Aux évaluations des performances.

Tableau 7
Procédures reliées aux activités de contrôle[5]

Nature	Exemples
Autorisations	– Attribution du niveau d'autorité requis pour poser ou non tel geste.
Séparation des tâches	– Distinction, autorisation, garde des biens, enregistrement; – Contrôle mutuel; – Rotation des tâches.
Traitement de l'information	– Enregistrement en temps opportun et étaiement de l'ensemble des activités pertinentes; – Documentation des systèmes; – Format et design des documents sur les opérations; – Documentation prénumérotée, protégée et suivi sur son utilisation; – Prévention et détection de toute omission ou dérogation à la saisie et au traitement d'une opération; – Conciliation effectuée entre les divers documents, rapports et registres comptables.
Contrôles physiques	– Protection physique des biens et registres (barrière, alarme, gardien, etc.); – Protection des documents ou du mode de traitement autorisant l'accès aux biens et registres; – Plan de recouvrement en situation d'urgence; – Contrôle de l'existence physique des éléments d'actif et comparaison avec les registres comptables.
Évaluations des performances	Étude et analyse critique des informations qui permettent de déceler des déficiences : – Les indicateurs clés de performance (par exemple un tableau de bord); – Les statistiques d'exploitation; – Les budgets, les analyses des écarts budget/réel; – Les rapports de performance des divisions, services ou autres; – Les rapports informatiques, le contenu des registres comptables.

[5] Certains aspects traités ici ont également été discutés par D.-Claude Laroche dans *Gestion : Revue internationale*, volume 10, no 2.

On constatera, dans les grilles d'analyse, que certains points pourraient être associés à la composante « suivi ». Nous les avons présentés ici car, en pratique, ils sont souvent intégrés aux activités de contrôle. (Voir l'annexe A5)

i. Autorisation adéquate des opérations et des activités

L'établissement d'un processus d'autorisation tient à la fois de la répartition des tâches et de la délégation de pouvoir consentie à certains responsables. On imagine mal que, dans une entreprise de plusieurs milliers d'employés, le président soit obligé d'autoriser seul, toutes les opérations. Généralement, des autorisations sont déléguées à des niveaux subalternes.

Le pouvoir d'autorisation accordé à un individu ne doit pas être outrepassé. Ainsi, à titre d'exemple, une institution financière peut établir qu'un directeur de succursale peut autoriser des prêts jusqu'à concurrence de 50 000 $, que tout montant supérieur à 50 000 $ et inférieur à 250 000 $ doit être approuvé par le bureau régional alors que tout montant supérieur à 250 000 $ doit être approuvé par le siège social. Aucun prêt ne peut être consenti sans que l'autorisation appropriée n'ait été obtenue.

Ces autorisations couvrent un grand nombre d'opérations possibles. Parmi celles-ci, mentionnons les approbations de prix de vente, les autorisations de commande d'achat, les autorisations pour les changements dans les applications technologiques de l'entreprise et les autorisations pour le traitement des données.

Retenons que les opérations de l'entreprise se doivent d'être autorisées au niveau approprié. Il s'ensuit que l'entité doit d'abord établir qui autorisera quel type d'opérations et voir ensuite au respect de son application.

ii. Séparation des tâches

Séparation des tâches – distinction, autorisation, garde des biens et enregistrement

À l'intérieur de l'entité, l'étude de la séparation des tâches vise à identifier les étapes critiques, en termes de contrôles, des tâches reliées à un poste donné, et à réassigner à d'autres personnes, le cas échéant, certaines de ces étapes. Cette opération est guidée par la nécessité de procéder à la séparation de fonctions incompatibles qui, si elles sont exercées par une même personne, rendent cette personne apte à commettre une erreur ou une fraude et à la dissimuler. Généralement trois dimensions de la tâche d'un individu sont considérées :

1. Cet individu a-t-il accès aux biens de l'entreprise?
2. Peut-il autoriser des opérations sur ces biens?
3. Peut-il procéder aux enregistrements desdites opérations?

Si nous répondons oui à plus d'une de ces questions, il lui est possible de commettre une fraude ou une erreur et de la dissimuler. Mais ceci ne veut pas dire qu'il le fera. Il faut donc utiliser des moyens de prévention. L'un de ceux-ci est d'intervenir à l'intérieur de l'aménagement des tâches.

Un simple exemple nous permet d'en saisir le principe. Faisons l'hypothèse qu'un employé est entièrement responsable de la paie d'une entreprise. Il recueille les heures effectuées par les employés, prépare les chèques de paie, les signe, et porte les entrées comptables dans les registres. Nous voyons que cet employé a accès à un bien de l'entreprise (l'argent), qu'il autorise une opération sur ce bien (le décaissement aux employés) et qu'il enregistre le tout dans les livres de l'entreprise.

Il faut alors que l'entité réaménage certaines des tâches de cet individu parce que celui-ci serait à même d'enregistrer un employé fictif et de le payer, mais pour son propre bénéfice. Que faire? Plusieurs solutions sont possibles : dans ce réaménagement, l'entité pourrait, par exemple, enlever à cet employé la responsabilité de signer les chèques et lui interdire l'accès aux relevés bancaires, ces opérations étant attribuées à d'autres personnes. Dans cette situation simple, nous voyons donc à réassigner des étapes critiques du travail du teneur de livres.

Le découpage de ces fonctions a pour effet de réduire le risque d'erreurs et rend plus difficile l'accomplissement et la dissimulation d'une fraude. Cette séparation des tâches ne veut pas dire que les personnes concernées n'effectuent que quelques opérations. Au contraire, d'autres tâches leur seront attribuées. Mais l'ensemble des fonctions ainsi attribuées à chaque personne devra être tel qu'aucune personne ne sera à même de contrôler une opération du début à la fin.

Contrôle mutuel

Dans ce processus de répartition des tâches, nous pouvons aussi faire intervenir la notion de contrôle mutuel. Son développement repose sur la perception que des déviations (erreurs ou fraudes) se produisent tout simplement parce que le travail d'une personne n'est pas revu par une autre personne. Nul n'est à l'abri de l'erreur et c'est pour minimiser ce risque que l'on a recours à ce procédé. Le contrôle mutuel permet également de réduire les possibilités de fraude, une personne sachant qu'une autre la contrôle. Prenons un exemple simple : un client désire acheter un appareil dans une boutique. Un vendeur s'adresse à lui. Ils viennent à un accord sur un modèle précis. Le vendeur prépare alors une facture. Ils se rendent ensuite à la caisse. Le caissier vérifie le prix, enregistre la vente sur la caisse enregistreuse et indique le montant à payer. Cette répartition des tâches permet le contrôle mutuel. La facture préparée par le vendeur est corroborée par le caissier.

Rotation des tâches

Pour accroître également le contrôle interne, l'entité peut recourir à la rotation des tâches. Cette technique cherche à éviter qu'un employé établisse un monopole dans l'exécution du travail et des tâches qui lui sont attribuées. Cet outil requiert que l'entité ait atteint une certaine taille et que les avantages que l'on peut en retirer soient supérieurs aux coûts reliés à la formation d'une nouvelle personne pour une tâche spécifique. Périodiquement, on procède donc à la rotation du personnel. Cette opération peut être limitée à un certain nombre de postes.

Manuel de description des tâches et procédures

Un manuel de description des tâches offre un autre outil de contrôle en ce sens qu'il définit les tâches de chacun. Il peut aussi comporter une description des procédures qui y sont associées. On s'assure alors que les tâches et procédures assignées à un poste seront connues et pourront alors être exercées conformément aux politiques de l'entreprise. Cependant, un système très simple ne comportera pas nécessairement la présence d'un tel manuel alors qu'une organisation plus complexe pourra le justifier.

Séparation des tâches du Service des technologies de l'information

Évidemment, la complexité des systèmes et la présence de traitement informatique rendent l'analyse de la séparation des tâches plus sophistiquée. Cependant, en se basant sur les mêmes principes ci-haut mentionnés, il est possible de pourvoir à un aménagement des tâches qui réduit le risque d'anomalies. La situation particulière du traitement informatique amène à exercer un découpage des fonctions qui, sans cela, pourrait mettre un employé en position de contrôler plusieurs étapes du processus d'une opération. Avec le Tableau 8, on peut à tout le moins distinguer les fonctions suivantes dans le cas des systèmes informatiques :

Tableau 8
Distinction des fonctions « informatiques »

Fonctions	Effectuées par	Procédures particulières
Conception et élaboration des systèmes	L'analyste d'affaires en système	Interdiction aux analystes et aux programmeurs d'avoir accès à l'environnement d'exploitation ainsi qu'aux fichiers, données et applications en exploitation
Développement[6]	Le programmeur	
Fonctionnement en conformité avec les modalités d'exploitation déterminées par les applications	L'opérateur (opérations informatiques)	Interdiction aux opérateurs de faire des changements dans les applications
Protection et garde des applications (logique et physique) et leur documentation	La bibliothécaire	Contrôle des mouvements aux personnes autorisées
Contrôle des données d'entrée et de sortie et la distribution des rapports, le cas échéant	La fonction contrôle	

De fait, l'idée principale qui sous-tend cette distinction des fonctions est d'éviter qu'un individu puisse contrôler une opération. On y distingue donc le développement, l'exploitation, l'accès aux applications et documents et le contrôle des données. Ce découpage rend plus difficile l'accès au système informatique.

Dans de grandes entreprises, d'autres fonctions peuvent s'ajouter. Citons, par exemple, un « officier de sécurité » pour toutes les questions reliées à la sécurité du système informatique (et notamment l'application de saines pratiques au niveau de l'accès logique aux applications).

Dans les plus petites organisations, où une séparation des tâches ne peut être mise en place, une supervision serrée et un contrôle par les utilisateurs pourraient venir compenser cette absence de division des tâches.

[6] Dans certains cas, la conception, l'élaboration et le développement sont combinés.

iii. Traitement de l'information

Enregistrement en temps opportun et étaiement de l'ensemble des activités pertinentes

Le traitement de l'information suppose, au préalable, qu'il existe un processus de documentation pour permettre d'étayer et de consigner l'ensemble des activités pertinentes de l'entreprise, sous une forme assurant une information fiable et produite en temps opportun. Ceci inclut à la fois la documentation des systèmes et la documentation des opérations elles-mêmes.

Documentation des systèmes

La documentation des systèmes doit comprendre une description des différentes composantes des systèmes, leurs objectifs, les modalités d'application, les applications, les instructions d'exploitation, les types de données d'entrée et de sortie ainsi que la distribution des rapports.

Format et design des documents sur les opérations

Les documents servant à consigner les opérations doivent utiliser un design et un format qui permettent d'éviter les erreurs ou omissions, et ce, tant pour les documents remplis manuellement que produits avec l'aide des technologies de l'information. Par exemple, le format d'un document peut apparaître à l'écran avec les espaces en blanc identifiant les informations à inscrire, ou on peut utiliser des listes préimprimées qu'il faut cocher plutôt que de tout réécrire. Cette documentation peut également prendre des formes qui sont lisibles par ordinateur (par exemple, encre magnétique, code lisible par lecteur optique). Un exemple de cette façon de faire est l'utilisation de documents aller-retour. Il s'agit d'un document préparé par ordinateur et dont la forme permet qu'il soit lu par ordinateur après qu'un tiers ait complété certaines informations. Comme la plupart des données n'ont pas à être réintroduites manuellement, le risque d'erreur s'en trouve réduit. L'utilisation d'un « flow Web transactionnel » est un exemple où les informations suivent les transactions dans toutes les étapes d'un processus mais ne sont introduites qu'à une seule reprise.

Documentation prénumérotée, protégée et suivi sur son utilisation

L'exhaustivité du traitement des opérations doit faire l'objet d'un contrôle particulier. Par exemple, les documents sont prénumérotés et on assurera le suivi de la séquence numérique de chaque série de documents. De plus, ceux-ci devront faire l'objet d'une protection afin qu'ils ne soient pas perdus, dupliqués ou encore utilisés par des personnes non autorisées.

Prévention et détection de toute omission ou dérogation à la saisie et au traitement d'une opération

Nous visons ici à prévenir et à détecter toute omission ou dérogation à la saisie et au traitement d'une opération. On peut y distinguer la revue des documents d'origine avant leur traitement, le contrôle des lots, la vérification par clavier, les chiffres de contrôle, le contrôle de séquence, le contrôle des caractères, le contrôle de vraisemblance, le contrôle de cohérence, le contrôle de limite, le contrôle de l'exhaustivité des champs, les étiquettes internes et externes (si applicables), le contrôle des rapports produits et, le contrôle des anomalies et exceptions. Nous décrivons, au tableau suivant, le fonctionnement de ces contrôles.

Tableau 9
Prévention et détection de toute omission ou dérogation à la saisie et au traitement d'une opération

La revue des documents d'origine avant leur traitement
Le service à l'origine de l'opération doit revoir les documents avant traitement pour s'assurer de leur validité et que toutes les autorisations y apparaissent. De la même façon, le groupe responsable du traitement doit s'assurer que les documents soumis pour traitement ont reçu l'autorisation d'être traités.
Traitement par lots
Dans certaines organisations, ce type de traitement est manuel ou semi-manuel. Dans d'autres, le traitement peut être entièrement automatisé en tout ou en partie. Le principe est d'assurer l'exhaustivité du traitement. En voici un exemple simple : – Les documents d'origine sont regroupés en lots (par exemple, 1 lot = 50 bons d'expédition); Une fiche de transmission de lot pour traitement est remplie (elle contient une description des opérations, date, service d'origine, signature autorisant le traitement ainsi qu'un total de contrôle); Le document d'origine doit indiquer qu'il a été mis en lot (estampillé); Le total de contrôle est constitué de la somme des données apparaissant dans un champ (par exemple, les quantités totales sur les bons d'expédition). L'ordinateur compilera cette même information. La comparaison du total de contrôle et du total effectué par ordinateur donne l'assurance de l'exhaustivité du traitement des documents soumis; – La fiche de transmission est prénumérotée et inscrite dans un registre de transmission et contrôle des lots. On y indique les dates de sortie et de retour des documents et le contrôle des totaux de contrôle. Un tel registre est maintenu par l'usager et par la fonction contrôle des données. Toute dérogation doit être enquêtée et une action prise.
Traitement en direct
Dans le cas de traitement en direct, un total de contrôle peut être effectué par catégorie d'opérations, par terminal, par période.
La vérification par clavier
Certaines données importantes peuvent faire l'objet d'une double saisie. On compare ensuite les deux saisies effectuées par des employés différents.
Les chiffres de contrôle
L'utilisation de code servant à identifier les opérations (par exemple, un client ou un fournisseur), peut comporter un chiffre dont l'inscription dépend d'un algorithme mathématique des autres chiffres du code d'identification. Ce processus permet de repérer une erreur dans la saisie du code. Le code est testé en fonction du chiffre de contrôle et si une erreur s'est glissée dans l'entrée du numéro elle sera signalée parce que l'algorithme ne fonctionnera pas.
Le contrôle de séquence
Lorsque les documents utilisés comportent une séquence, un contrôle entièrement automatisé est utilisé pour identifier les documents manquants et les documents utilisés en double (par exemple, la séquence numérique des bons d'expédition). Un tel contrôle peut également comparer deux séquences de documents qui sont associés (par exemple, chaque numéro de bon d'expédition est associé à une et une seule facture de vente). Toute dérogation à ce contrôle donne lieu à l'émission d'un rapport d'exception.

Le contrôle des caractères

Ce contrôle s'assure que la nature des données saisies dans certains champs correspond aux caractères réservés du champ : numériques, alphabétiques ou alphanumériques. Ce contrôle teste également le nombre de caractères que l'on doit retrouver dans un champ donné.

Le contrôle de vraisemblance

Ce contrôle teste la vraisemblance des données dans un champ en les comparant à une norme ou relation préétablie (par exemple, données négatives en inventaire ou nombre d'heures supérieur à un standard donné). En cas de dérogation, un rapport d'exception est produit.

Le contrôle de cohérence

Ce contrôle compare des données avec celles enregistrées dans un autre champ (par exemple, le numéro de code de client sur une opération de vente avec le numéro apparaissant au fichier maître. Une absence de numéro au fichier maître entraîne un rejet de l'opération. Ce contrôle peut être renforcé en comparant, en plus du code du client, le nom du client selon le fichier maître et l'opération). Ce contrôle peut aussi être utilisé, par exemple, pour des codes d'opérations comparés à des codes préalablement consignés. Dans le cas d'un système interactif en direct, lors de la saisie du code d'opération, la nature du code peut apparaître à l'écran, permettant à l'usager de confirmer que ce code est alors utilisé de manière appropriée compte tenu de l'opération en cours.

Le contrôle de limite

Ce contrôle programmé s'assure que les données se situent à l'intérieur de bornes préétablies (par exemple, la limite de crédit attribuée à un client ne pouvant être dépassée lors du traitement des expéditions de marchandises). Le contrôle de limite peut être utilisé pour contrôler la date d'une opération, celle-ci ne pouvant par exemple être enregistrée à une date postérieure à la date du traitement.

Le contrôle de l'exhaustivité des champs

Ce contrôle s'assure que toutes les données nécessaires pour une opération ont toutes été saisies.

Les étiquettes internes et externes

L'identification du fichier permet de s'assurer qu'il s'agit du bon fichier qui sera utilisé pour le traitement.

Le contrôle des rapports produits

Revue, par la fonction contrôle de l'exploitation, des données, des rapports produits et distribution aux personnes appropriées (par exemple, l'exhaustivité du traitement, le nombre de lots, la sécurité des rapports avant la distribution, la distribution aux personnes désignées et, finalement, le registre de distribution signé par le récipiendaire ou la trace électronique de réception).

Le contrôle des anomalies et exceptions

Ces techniques sont utilisées pour s'assurer que les anomalies et exceptions identifiées seront ultérieurement corrigées. Un registre des anomalies peut être tenu, indiquant la nature des anomalies et le moment où elles ont été corrigées. Dépendant du type d'anomalies, celles-ci pourront être corrigées par le personnel affecté à la saisie ou par l'usager si elles proviennent du service usager. La fonction contrôle de l'exploitation doit s'assurer que toutes les anomalies sont corrigées et réintroduites.

Conciliation effectuée entre les différents documents, rapports et registres comptables

Un bon contrôle nécessite l'appariement de divers documents attestant la réalisation de toute opération, en plus de l'assurance préalable que le niveau approprié d'autorisation a effectivement été obtenu et assigné.

Ces conciliations et examens des documents peuvent prendre diverses formes : le rapprochement bancaire, le rapport du suivi de la séquence numérique des bons d'expédition, le rapport de conciliation des lots pour traitement, le rapport des changements aux fichiers (par exemple, le nombre d'employés au fichier de la paie et le nombre d'employés maintenus par le service du personnel), la conciliation avec le compte contrôle (auxiliaire des comptes clients et solde des comptes clients au grand livre général), conciliation des rapports produits avec les documents soumis pour traitement. Il s'agit de rapports qui permettent de contrôler ce qui s'est passé au niveau d'une opération ou d'un système donné.

iv. Contrôles physiques

Le contrôle des biens d'une entreprise part d'un grand principe : seul le personnel autorisé a accès aux biens, tant directement qu'indirectement.

Protection physique des biens (barrière, alarme, gardien, etc.)

L'une des premières mesures de contrôle pour assurer la conservation du patrimoine d'une entreprise réside dans la protection contre toute perte involontaire ou préméditée. Par exemple, dans une usine de traitement de cuivre (métal qui, à cause de sa valeur, peut susciter la convoitise), on a tout intérêt à protéger l'accès à l'usine par une clôture et à ne laisser entrer que les employés autorisés. Le contrôle doit se poursuivre par l'inspection des colis à la sortie de l'usine. On s'assurera que seul le personnel autorisé a accès aux lieux et que personne n'emporte de métaux sans autorisation.

La nécessité de protéger les biens de l'entreprise s'applique également aux registres comptables de l'entreprise, aux documents non utilisés et aux infrastructures et équipements technologiques assurant le traitement comptable (par exemple, local à accès contrôlé par des serrures, gardiens, authentification des personnes).

Protection des documents ou du mode de traitement autorisant l'accès aux biens et registres

Lorsque l'on parle de l'accès aux biens, il faut considérer ou envisager les manœuvres qui visent à détourner les contrôles directs. Considérons un système informatique auquel on peut avoir accès par terminal. Si aucun contrôle ne limite l'accès aux applications, quelqu'un pourrait y introduire, par exemple, des instructions pour l'expédition non autorisée de marchandises. Il suffit d'introduire dans le système des instructions d'expédition de marchandises, qui pourraient alors franchir tous les autres contrôles physiques parce qu'elles seraient accompagnées des documents requis. Dans un tel cas, aucune barrière à la sortie et aucun gardien ne pourrait prévenir une sortie de matériel qui, en apparence, serait légitime. On aura alors recours aux éléments qui apparaissent au Tableau 10. Ainsi faut-il envisager non seulement les contrôles d'accès direct, mais également les contrôles d'accès à distance.

Tableau 10
Protection des documents ou du mode de traitement autorisant l'accès aux biens et registres

- Utilisation et contrôle de mots de passe confidentiels, de codes d'identification de l'utilisateur, de l'accès restreint à des fichiers, des données et des applications, revue périodique des accès logiques;
- Utilisation d'un progiciel de contrôle d'accès et de sécurité, d'anti-virus, ainsi que le suivi des tentatives d'accès illégitimes;
- Ordinateurs protégés par l'utilisation d'écran de veille, d'authentification biométrique, de clés ou de cartes magnétiques (attribuées aux personnes autorisées);
- Ordinateurs limités à certaines opérations et leur identification lors du traitement;
- Infrastructures et équipements technologiques situés dans des locaux surveillés, protégés et accessibles aux seules personnes autorisées;
- Utilisation du chiffrement des données lors de transmission à distance c.-à-d. l'encryptage des données lors de leur transmission pour éviter qu'elles ne puissent être interprétées par quelqu'un d'autre que les personnes autorisées;
- Utilisation de signal sonore ou visuel lors de transmission à distance indiquant un problème de transmission ou encore la retransmission des données par l'ordinateur à l'utilisateur attestant sa bonne transmission.

Contrôle de l'existence physique des éléments d'actifs et comparaison avec les registres comptables

Un contrôle a posteriori peut s'avérer nécessaire pour assurer la présence des éléments d'actif consignés dans les registres de l'entreprise. C'est ainsi qu'on compare les sommes d'argent en main avec le solde aux livres ou encore les résultats de la prise d'inventaire avec les quantités enregistrées aux livres. Tout écart nécessite une analyse particulière, car il peut être l'indice d'une défaillance du contrôle interne.

Plan de recouvrement en situation d'urgence

Une entreprise pourrait encourir des pertes substantielles si elle venait à perdre les registres où sont enregistrées les opérations de l'entité (par exemple, l'ensemble des comptes clients). De là, toute l'importance des plans de recouvrement en situation d'urgence qui permettent à l'entreprise d'assurer sa continuité même si une catastrophe devait s'abattre sur elle et affecter le traitement de l'information.

Il se peut que le système informatique subisse des bris et pannes qui vont d'un arrêt de courte période à une mise hors service complète. Dans ces cas, l'entité doit être en mesure de réagir pour s'assurer de continuer ses activités. La mise en place d'un plan de recouvrement requiert que l'entité puisse disposer des ressources techniques adéquates en cas de défaillances du système (copie des applications, copie de sauvegarde des données, disponibilité d'équipements compatibles, personnel entraîné à cette éventualité, fournitures de bureau disponibles). Un tel plan exige que l'entité ait procédé à une analyse des diverses possibilités de défaillances du système, des traitements et des données prioritaires dans les circonstances, qu'elle ait en main une documentation permettant la mise en application du plan et que celui-ci ait fait l'objet de tests confirmant sa fiabilité.

v. Évaluation des performances

Les entités peuvent développer toute une série d'indicateurs clés (tableau de bord, par exemple), de statistiques qui, s'ils sont non seulement analysés sur l'angle de l'atteinte d'objectif de performance peuvent aussi servir d'indices de défaillance de contrôle interne. À titre d'exemple, l'analyse de la marge brute par produit, par région, par vendeur peut amener le gestionnaire à poser un diagnostic de gestion mais aussi à s'interroger sur une défaillance du contrôle interne.

C'est dans le même ordre d'idées que l'on procédera à l'analyse budgétaire, à l'analyse des écarts, à l'analyse des rapports de gestion des diverses composantes d'une entité.

L'étude et l'analyse critique des rapports et registres peuvent aussi être plus circonscrites et permettent de repérer les anomalies possibles qui pourraient survenir lors du traitement de l'information. Ceci peut provenir d'opérations quotidiennes « toutes simples » comme l'analyse de la liste des comptes clients, des comptes fournisseurs ou de rapports produits suite à un traitement et révisés par l'usager (par exemple, l'examen périodique des fichiers maîtres, des changements survenus et des dates des dernières opérations par client). Cette révision constitue une procédure importante de la qualité et de la fiabilité du traitement.

III

L'évaluation du risque lié au contrôle au niveau des assertions

Les grilles d'analyse présentées à partir de la page 45 permettent d'évaluer par poste et par assertion le niveau de risque pour une anomalie donnée. Ces grilles mettent l'accent sur les activités de contrôle puisque c'est généralement à ce niveau que nous retrouverons la présence ou non des contrôles. Lorsque l'auditeur décide d'appliquer une stratégie mixte, il oriente alors son travail vers l'identification des contrôles qui lui permettent de supporter une appréciation du risque lié au contrôle à un niveau inférieur au maximum.

Nous allons aborder cinq questions reliées à ce processus. Qu'est-ce que l'appréciation du risque lié au contrôle à un niveau inférieur au maximum? Quand effectuer cette appréciation du risque lié au contrôle? Comment considérer les différentes composantes du contrôle interne et leurs relations avec les postes et les assertions aux états financiers? Qu'est-ce qui constitue des tests des contrôles? Sur quelle période faire porter les tests des contrôles?

i. Évaluation du risque lié au contrôle

Lorsqu'il effectue son audit, l'auditeur veut obtenir l'assurance raisonnable que les états financiers ne comportent pas d'anomalies significatives. L'appréciation du risque lié au contrôle constitue l'un des volets de son analyse. Il vise à établir le niveau de risque d'anomalies, dans les états financiers, relié au contrôle interne. Lorsque celle-ci est jointe à son appréciation du risque inhérent, l'auditeur est en mesure de déduire le niveau de risque de non-détection qu'il peut accepter pour ses procédures de corroboration (nature, étendue et calendrier). Ainsi, lorsque la nature inhérente d'un poste aux états financiers comporte un risque d'anomalies significatives élevé, par exemple l'évaluation des stocks, mais qu'elle est jointe à des procédures de contrôle qui sont bien conçues et appliquées de manière efficace, alors l'auditeur peut en déduire qu'il lui est légitime d'appliquer des procédures de corroboration limitées sur ce poste.

Lorsque l'auditeur évalue le risque lié au contrôle à un niveau inférieur au maximum, il doit être en mesure d'identifier les divers mécanismes de contrôle qui permettent de réduire de manière efficace les anomalies. Ainsi, si l'on considère la possibilité d'achats non comptabilisés, l'auditeur peut avoir identifié des contrôles entièrement automatisés qui assurent que tous les bons de réception sont enregistrés et donnent lieu à la comptabilisation d'une facture. L'identification de ce mécanisme de contrôle, joint à une séparation des tâches appropriée, permet à l'auditeur de justifier une appréciation du risque lié au contrôle inférieur au maximum.

Il peut cependant arriver que pour des raisons d'efficience de la mission d'audit, l'auditeur opte pour apprécier le risque lié au contrôle à un niveau maximum, même si des mécanismes de contrôle sont présents. L'auditeur considère alors qu'il est plus efficient pour lui d'appliquer des procédures de corroboration plutôt que d'appliquer des tests sur l'efficacité des contrôles. Ainsi un auditeur pourra considérer que l'audit des frais payés d'avance sera effectué plus rapidement par des procédures de corroboration plutôt que par des tests des contrôles sur ce poste. Dans ce cas, l'auditeur évalue le risque lié au contrôle à un niveau maximum même s'il avait pu justifier un niveau inférieur au maximum.

L'appréciation du risque lié au contrôle se situe dans le cadre des assertions aux états financiers. Les assertions constituent les objectifs que doit atteindre l'auditeur dans sa collecte d'éléments probants. Toutes ses actions sont orientées vers cet objectif dont l'appréciation du risque lié au contrôle. Ainsi, lorsqu'il évalue le risque lié au contrôle, il doit le faire par assertion, pour les opérations et soldes aux états financiers. À titre d'exemple, l'auditeur évalue le niveau de risque lié au contrôle pour les ventes en considérant la réalité, l'exhaustivité, l'exactitude, le classement et la séparation des périodes.

Le niveau de risque lié au contrôle peut être établi de manière qualitative (sur une échelle de faible à élevé) ou bien quantitativement (en pourcentage, par exemple). L'attribution d'une cote est fonction de l'appréciation de tous les mécanismes de contrôle reliés à une assertion donnée. Il se peut que la présence de certains contrôles ne puisse pallier qu'en partie le risque d'anomalies significatives. Par exemple, l'utilisation de contrôles entièrement automatisés reliés à la limite de crédit peut sans doute rassurer l'auditeur sur l'évaluation de la provision pour mauvaises créances. Cependant, si aucune analyse sérieuse de la liste chronologique des comptes clients n'est effectuée, l'auditeur continuera d'entretenir des doutes sur l'évaluation de la provision. Par ailleurs, il pourra tout de même donner un certain crédit à l'existence de ces contrôles entièrement automatisés.

ii. Les moments de l'évaluation du risque lié au contrôle

L'appréciation du risque lié au contrôle se fait à chaque étape du processus d'audit, à savoir avant que ne débute l'audit, lors de l'établissement préliminaire du risque lié au contrôle, lors de l'application des tests des contrôles et lors de l'application des procédures de corroboration.

Avant que ne débute l'audit

Avant de mettre en branle tout le processus d'audit, l'auditeur tente d'établir quelle pourrait être sa stratégie préliminaire. Compte tenu de son expérience avec son client, de certaines discussions qu'il a pu avoir avec le personnel de l'entreprise, de sa connaissance du secteur d'activité, il établit un niveau préliminaire de risque lié au contrôle en regard des soldes et des opérations aux états financiers pour chacune des assertions.

Lors de l'établissement préliminaire du risque lié au contrôle

Une fois que l'auditeur a acquis une compréhension suffisante du contrôle interne par rapport à une assertion donnée, il est en mesure de porter un jugement sur la conception et la mise en place des contrôles et fixer son appréciation préliminaire du risque lié au contrôle. Ce niveau sera établi à un niveau maximum ou inférieur au maximum. Dans ce dernier cas, il devra avoir identifié les lignes directrices et mécanismes de contrôle justifiant son appréciation.

Ainsi, dans le cas de l'audit de l'exhaustivité des ventes, l'auditeur peut avoir identifié les mécanismes de contrôle tels que :

1. La sortie des marchandises est contrôlée à la sortie de l'entrepôt de manière que toutes les marchandises doivent être accompagnées d'un bordereau d'expédition;
2. Il existe des contrôles entièrement automatisés qui permettent de s'assurer que chaque bordereau d'expédition est associé à une facture, et que les séquences numériques des bordereaux d'expédition et de ventes sont contrôlées automatiquement;
3. Des rapports d'exception sont produits pour chaque dérogation au point ci-haut;
4. Ces rapports sont revus par une personne responsable et toute dérogation fait l'objet d'enquête et de mesures correctives. Le responsable assure le suivi sur ces dérogations, leur justification et leur correction.

Ces éléments permettent alors à l'auditeur de justifier une appréciation préliminaire du risque lié au contrôle à un niveau inférieur au maximum.

Lors de l'application des tests des contrôles

Une fois que des lignes directrices et les mécanismes de contrôle spécifiques ont été identifiés, l'auditeur doit vérifier l'efficacité et la continuité de leur application au moyen des tests des contrôles.

Lorsque les résultats des tests des contrôles sont connus, l'auditeur finalise alors son appréciation du risque lié au contrôle. Les tests peuvent venir confirmer ou infirmer son évaluation préliminaire. Celle-ci est ajustée en fonction des nouvelles données obtenues et elle constitue alors l'appréciation finale du risque lié au contrôle servant à déterminer la nature, l'étendue et le calendrier des procédures de corroboration.

Lors de l'application des procédures de corroboration

Quand l'auditeur applique ses procédures de corroboration, il peut découvrir des éléments probants qui remettent en cause l'appréciation du risque lié au contrôle. Dans l'exemple que nous mentionnions précédemment sur l'exhaustivité des ventes, il se peut que l'auditeur s'aperçoive, lors de l'analyse de la marge brute, que des variations significatives apparaissent dans les ventes d'un produit. En identifiant la cause, il se peut qu'il en arrive à la conclusion qu'un problème quelconque existe au niveau de la comptabilisation de ce produit, remettant ainsi en cause son appréciation du risque lié au contrôle pour l'exhaustivité des ventes. Dans ces circonstances, des tests de corroboration spécifiques seront effectués pour cerner le risque d'anomalies significatives afférent.

iii. Prise en compte des différentes composantes du contrôle interne et leurs relations avec les postes et les assertions aux états financiers

Dans son appréciation du risque lié au contrôle, l'auditeur prend en considération toutes les composantes du contrôle interne, c'est-à-dire l'environnement de contrôle, l'appréciation des risques, le système d'information et la communication, les activités de contrôle ainsi que le suivi des contrôles.

Lorsqu'il s'agit d'une approche corroborative, on tient compte de toutes les informations obtenues. Le risque lié au contrôle est établi au maximum. La compréhension du contrôle interne sert alors à évaluer la conception et la mise en place des activités de contrôle et identifier les catégories d'anomalies et leur importance.

Lorsque l'auditeur établit le risque lié au contrôle à un niveau inférieur au maximum, il doit alors identifier l'impact des lignes directrices et des mécanismes de contrôles en termes général ou particulier, leur influence sur les opérations et les soldes ainsi que leurs relations avec les assertions aux états financiers.

Impact généralisé

Certaines lignes directrices et mécanismes de contrôle peuvent avoir un impact généralisé à l'ensemble des états financiers. Songeons par exemple à la qualité du personnel comptable et la manière dont ce personnel est encadré et supervisé. Une entité qui profiterait d'un contexte positif à cet égard en bénéficierait au niveau de la qualité d'ensemble des états financiers. L'auditeur considère alors globalement cet élément dans son appréciation du risque lié au contrôle.

Impact particulier

Certaines procédures de contrôle ont une incidence ponctuelle sur un poste et une assertion en particulier. Pensons par exemple aux travaux de décompte des stocks et la conciliation avec les registres comptables effectués par les auditeurs internes d'une entité. Ces procédures de contrôle ont alors un impact très spécifique notamment sur l'existence des stocks.

Soldes et opérations

Les procédures de contrôle peuvent avoir un impact non seulement sur une opération donnée mais aussi sur le solde aux états financiers qui en résulte. Dans l'appréciation du risque lié au contrôle l'auditeur fait ressortir cet aspect. Le Tableau 11 illustre cette relation.

Dans cet exemple le solde des comptes fournisseurs est relié aux opérations d'achats, de notes de débit et des décaissements. Ainsi, la présence de lignes directrices et mécanismes de contrôle qui assurent l'exhaustivité des achats contribue à assurer l'exhaustivité des comptes fournisseurs. L'auditeur doit donc repérer ces interrelations lorsqu'il évalue l'impact des lignes directrices et mécanismes de contrôle.

Tableau 11
Relation entre le risque lié au contrôle (RLC) au niveau des opérations et au niveau des soldes

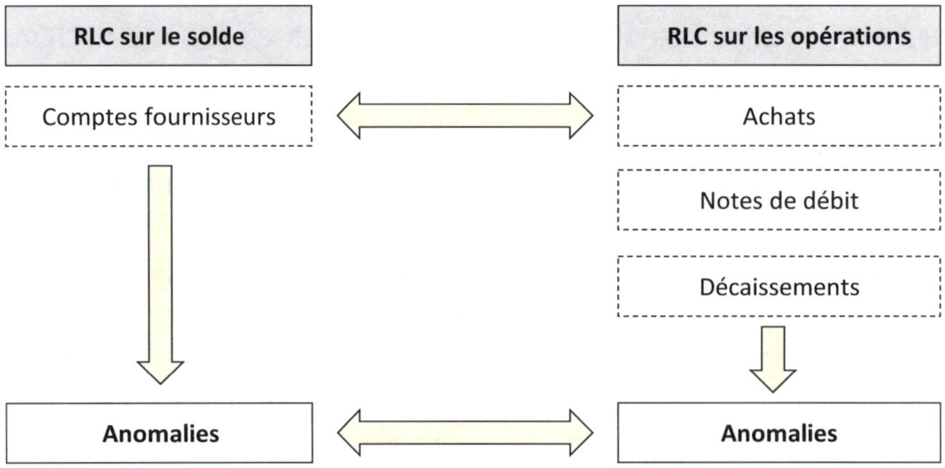

Assertions (catégories d'anomalies)

Les éléments que nous avons vus précédemment doivent être considérés par assertion. Ainsi, pour une assertion donnée nous pourrons retrouver des procédures de contrôle qui proviennent de l'une ou l'autre des composantes du contrôle interne. Un mécanisme de contrôle donné peut avoir un effet sur plus d'un poste et/ou opération et se rapporter également à une ou plusieurs assertions. Les grilles d'analyse que nous retrouvons dans les pages qui suivent tiennent compte de la relation « usuelle » entre contrôles/anomalies/assertions. Toutefois, dépendamment des circonstances, certains contrôles pourraient être ajoutés ou retranchés pour une assertion donnée.

On retrouve, au Tableau 12, des exemples de procédures de contrôle reliées à certaines assertions.

Tableau 12
Exemples de procédures de contrôle reliées aux assertions et anomalies

Assertions	Anomalies	Exemples de procédures de contrôle
Réalité	Enregistrement de l'opération sans que celle-ci n'ait eu lieu.	– Document de source autorisé (par exemple : signature du bordereau de vente autorisant les conditions); – Document de source certifié (par exemple : signature du bordereau d'expédition par le préposé à l'expédition à l'effet qu'il y a eu décompte de la marchandise); – Document utilisé une seule fois (contrôle d'accès); – Document servant à l'enregistrement comptable apparié avec le document d'origine; – Document annulé une fois que l'opération subséquente est déclenchée; – Suivi des plaintes de tiers sur l'opération.
Exhaustivité	L'opération n'est pas enregistrée aux livres.	– Contrôle d'accès aux biens; – Documentation prénumérotée et suivi sur les séquences numériques (enquête sur tout numéro manquant).
	Opération réalisée sans que la documentation pertinente ne soit produite (ex. : la facturation).	– Production prompte de la documentation attestant l'opération (par exemple : facturation); – Rapport de gestion indiquant les opérations en suspens, annulées ou non disponibles, et revue régulière de ces rapports par une personne autorisée; – Documentation d'origine conciliée aux diverses étapes, suivi sur la séquence numérique; – Documentation conciliée avec les registres comptables.
Exactitude	Erreur de prix ou d'arithmétique.	– Autorisation des prix (et des modifications de prix); – Procédures d'autorisation pour les dérogations aux prix convenus; – Révision des documents d'origine servant à la valorisation de l'opération (par exemple : revue des factures manuelles quant à l'arithmétique, et au contenu de la facture); – Lignes directrices à l'égard des méthodes de comptabilisation des opérations.

Assertions	Anomalies	Exemples de procédures de contrôle
Exactitude (suite)	Erreur dans la conversion des devises.	– Utilisation des taux de change appropriés; – Révision de l'opération de conversion; – Conciliation bancaire indépendante des opérations en devises étrangères; – Validation de la parité des débits et des crédits; – Conciliation des enregistrements comptables avec les rapports produits et procédures de corrections des erreurs décelées.
	Erreur de report et d'arithmétique.	– Revue des reports manuels/contrôle des lots; – Conciliation des registres auxiliaires avec une balance de vérification des registres et conciliation avec les compte contrôles du grand livre général.
Séparation des périodes	Enregistrement de l'opération dans le mauvais exercice financier.	– Documentation prompte de l'opération après sa réalisation; – Enregistrement rapide aux registres comptables de l'opération; – Procédures spécifiques de fin de période pour respecter la comptabilité d'exercice (comptabilité d'engagement) et supervision de ces procédures.
Classement	Opération enregistrée dans le mauvais compte aux fins des états financiers.	– Existence d'un plan comptable approprié en conformité avec le référentiel comptable en vigueur; – Validation de la codification de l'opération enregistrée (nature de l'opération, numéro de client, etc.); – Procédures de repérage des apparentés; – Revue et autorisation des enregistrements comptables; – Conciliation périodique des registres auxiliaires et des compte contrôles du grand livre général.

iv. Tests des contrôles

Lorsque l'auditeur établit que le risque lié au contrôle est inférieur au maximum, il doit réunir, au moyen de tests sur l'efficacité des contrôles, des éléments probants suffisants et adéquats pour étayer son appréciation. Les tests des contrôles viennent alors confirmer l'appréciation du risque lié au contrôle à un niveau inférieur au maximum.

Les contrôles faisant l'objet de tests proviennent des cinq composantes du contrôle interne. Ils ont été identifiés parce qu'ils permettent de réduire les risques d'anomalies significatives dans les états financiers. L'auditeur va donc s'assurer, au moyen des tests qu'il effectue, que ceux-ci fonctionnent de manière adéquate, et ce, tout au long de la période visée par son opinion. La forme que prennent les tests des contrôles varie. Au Tableau 13, on en retrouve les éléments probants.

Tableau 13
Éléments probants
dans les tests des contrôles

Demande d'information
Discussion avec le personnel de l'entité des diverses politiques et procédures, de leur conception, de leurs modalités et durée d'application, et qui les applique.
Observation
Observer comment les contrôles sont mis en place.
Inspection
Inspection des documents et des rapports certifiant l'application des contrôles en question.
Réexécution
À l'aide d'un échantillon d'opérations, l'auditeur reprend l'exercice des contrôles.

La qualité et l'efficacité de chacun de ces éléments probants varient en fonction des contrôles à tester. Chacun de ceux-ci possède des avantages et des inconvénients (Tableau 14).

Il incombe donc à l'auditeur de déterminer l'agencement de ses sources d'informations probantes en fonction des éléments qu'il a à tester. En faisant cette analyse, il tient compte de tous les éléments qu'il a obtenus au cours des autres étapes de son audit[7].

[7] Et ce tout particulièrement au cours de l'étape de la compréhension, où certaines procédures d'audit peuvent constituer des tests des contrôles, notamment lors de l'évaluation de la conception et de la mise en place des activités de contrôle.

Tableau 14
Avantages et inconvénients des éléments probants

Éléments probants	Avantages	Inconvénients
Demande d'information	– Permet de saisir l'essence, la raison d'être, les justifications sur la façon dont les contrôles sont appliqués; – Permet d'identifier les difficultés potentielles d'application, les problèmes rencontrés et la façon dont ils ont été résolus; – Sensibilise l'auditeur au renforcement donné au personnel lors de l'application des contrôles.	– N'apporte pas de preuve documentaire, elle se limite au niveau oral; – Il est nécessaire d'obtenir le point de vue de plusieurs personnes sur un même élément pour être en mesure de s'assurer d'une certaine concordance dans l'application du contrôle.
L'observation	– L'observation indique à l'auditeur le degré de soin dans l'application des contrôles, qui les applique et si cela concorde avec les autres informations obtenues.	– L'observation n'est valable qu'au moment où la procédure est appliquée. Il ne garantit pas que la procédure a été ou sera appliquée de la même façon à d'autres moments.
L'inspection	– Lorsque l'auditeur inspecte les documents et rapports, il constate qu'un contrôle est effectivement appliqué. Ceci peut prendre la forme de l'examen d'une conciliation, de la manière dont elle est effectuée, comment sont traitées les anomalies, la preuve de la séparation des tâches, et des diverses autorisations obtenues; – La preuve documentaire constitue une excellente source d'information probante puisqu'elle est certifiée par un élément écrit.	– La seule inspection de document peut dans certains cas être incomplète. Si en plus d'inspecter, par exemple, une conciliation bancaire, l'auditeur en discute avec le personnel, il est alors mieux en mesure d'en saisir la qualité de mise en application.
La réexécution	– En reprenant l'application d'un contrôle, l'auditeur s'assure qu'effectivement le contrôle est bien appliqué et qu'il atteint l'objectif qu'il est censé atteindre. Ainsi, en testant un contrôle assisté par ordinateur, l'auditeur s'assure qu'il fonctionne effectivement de manière efficace.	– La qualité de l'élément probant obtenu peut dépendre de la taille de l'échantillon utilisé. La sélection d'une seule opération sélectionnée ne renseigne que sur cette opération spécifique; – Les contrôles ne donnent pas tous lieu à des reprises par l'auditeur : par exemple, la présence d'un code d'éthique dans l'entreprise et la manière dont il est appliqué, peuvent uniquement être testées par l'inspection de la documentation et des discussions avec le personnel de l'entité.

Nous reproduisons à l'annexe C des exemples de test des contrôles.

v. Sur quelle période faire porter les tests des contrôles?

Le principe de base est le suivant : les tests d'efficacité des contrôles doivent porter sur la même période où un niveau de risque inférieur au maximum est attribué au risque lié au contrôle. Si l'on attribue, par exemple, un risque faible pour l'exhaustivité des ventes pour toute l'année alors les tests d'efficacité des contrôles doivent couvrir toute l'année.

Cependant, les tests d'efficacité des contrôles peuvent être élaborés en fonction des éléments probants obtenus au cours d'un audit intermédiaire ou au cours d'un audit antérieur. On peut alors mettre l'accent sur les changements survenus depuis ce moment. Autrement dit, l'auditeur applique des tests détaillés sur des contrôles au cours d'une période donnée. Par la suite, il met l'accent sur les changements qui sont survenus depuis lors. Le Tableau 15 présente les aspects à considérer concernant les changements qui font l'objet de ces tests. Selon son jugement, l'auditeur pourrait choisir de tester l'efficacité des contrôles sur une base rotative. Par exemple, en présence de contrôles généraux informatiques adéquats, l'auditeur pourrait considérer tester certains contrôles tous les trois ans. Ainsi, le tiers des contrôles qui intéressent l'auditeur serait testé lors de l'exercice considéré. Toutefois, en présence d'un contrôle critique en relation avec le risque d'anomalies significatives, ce contrôle sera testé annuellement.

Tableau 15
Prise en compte d'éléments déjà testés

Aspects à considérer	Impact sur le travail d'audit
Les contrôles spécifiques qui ont déjà fait l'objet de tests, la nature des tests effectués et les résultats obtenus.	L'auditeur doit s'assurer que les résultats des tests déjà effectués permettent effectivement de leur accorder un certain poids pour la période subséquente.
La période écoulée depuis que les tests ont été effectués.	Généralement, plus on s'éloigne du moment où les tests ont été effectués, moins la confiance accordée dans ces tests sera grande.
La nature complémentaire de certaines procédures de corroboration.	Certaines procédures de corroboration peuvent venir renforcer les résultats des tests des contrôles effectués au cours d'une période antérieure; par exemple, les procédures analytiques sur l'exhaustivité des achats viennent compléter les tests des contrôles effectués sur cette assertion.

Lorsque l'auditeur estime qu'il peut tenir compte des résultats des tests effectués au cours d'un audit antérieur ou d'un audit intermédiaire, il doit alors cerner le risque au niveau des changements. Les Tableaux 16 et 17 identifient les principaux points que l'auditeur doit alors considérer[8]. Soulignons, toutefois, que si l'auditeur a identifié des risques d'anomalies significatives comme étant importants, les tests des contrôles doivent être effectués à chaque exercice financier.

C'est à la suite de son analyse que l'auditeur décide des moyens d'action à prendre pour la période restante. En se concentrant sur les changements intervenus, il met l'accent sur les secteurs où il tente d'évaluer ce nouveau risque d'anomalies. Il doit cependant avoir l'assurance que les contrôles non modifiés et testés antérieurement n'ont pas subi d'altérations.

[8] Adaptation, NCA 315.

Tableau 16
Identification du risque au niveau des changements survenus

Tests des contrôles déjà effectués en fonction	Aspects à tenir compte
1. De certaines opérations	L'auditeur a-t-il l'assurance de pouvoir repérer tous les changements survenus dans les politiques et procédures? Les changements intervenus font-ils en sorte que la nature des opérations est maintenant différente? De nouvelles opérations sont-elles maintenant traitées?
2. D'un certain volume d'activité	Le volume d'activité s'est-il modifié? Cela génère-t-il des tensions dans la manière dont les opérations sont traitées? Le personnel s'en trouve-t-il avec une charge accrue de travail?
3. Des infrastructures et des applications technologiques	Les changements affectent-ils les infrastructures et les applications technologiques?
4. D'un nombre donné de personnes d'un certain niveau de qualité	Des changements se sont-ils produits dans le nombre et la qualité du personnel?
5. D'une attitude de la direction à l'égard du contrôle	Y a-t-il eu des changements dans la direction de l'entité qui feraient en sorte que le contrôle aurait une importance différente?

Tableau 17
Identification du risque de changements au niveau des technologies

Documentation
– Toutes les modifications aux applications technologiques ont-elles fait l'objet d'une documentation?
Autorisation
– Toutes les modifications ont-elles fait l'objet d'une autorisation appropriée des utilisateurs? – Ainsi que du personnel d'encadrement du développement?
Accès aux applications et séparation des tâches
– Y a-t-il interdiction aux analystes et programmeurs d'avoir accès à l'environnement d'exploitation ainsi qu'aux données et applications en exploitation? – Y a-t-il interdiction aux opérateurs de faire des changements dans les applications? – Utilise-t-on une journalisation des activités sur les serveurs?
Audit
– Tous les changements ont-ils été testés? – Sur des copies des applications? – À la satisfaction des utilisateurs?

IV

La documentation

L'auditeur doit consigner en dossier sa compréhension des contrôles. Cette documentation des procédures de contrôle devra permettre d'étayer l'appréciation du risque lié au contrôle. Les résultats des tests sur l'efficacité des contrôles viendront justifier l'appréciation finale du risque lié au contrôle pour la période visée.

Nous suggérons dans les grilles d'analyse qui suivent de documenter l'appréciation du risque lié au contrôle par assertion. Divers exemples y sont présentés. Les grilles d'analyses qui y apparaissent tiennent compte des assertions et des anomalies ainsi que des procédures de contrôle reliées à une assertion et qui permettent de réduire le risque lié au contrôle pour les principaux postes des états financiers. Tous les autres éléments des états financiers devraient faire l'objet d'une documentation spécifique selon les postes en question.

Nous avons décrit dans les pages précédentes des procédures de contrôle qui peuvent amener un auditeur à réduire le risque lié au contrôle. Ces procédures doivent être documentées pour justifier cette appréciation. Elles ont trait aux autorisations; à la séparation des tâches; au traitement de l'information; aux contrôles physiques; aux évaluations des performances. Précisons également que la forme que prennent ces contrôles est à la fois manuelle, assistée par ordinateur et entièrement automatisée. Il est opportun pour l'auditeur d'en faire la distinction. Il en est de même au niveau de la fréquence d'appréciation de ceux-ci.

La documentation de l'appréciation du risque lié au contrôle amène l'auditeur à considérer à la fois des contrôles qui se rapportent de manière spécifique à un poste et une assertion donnée et ceux qui ont un impact généralisé. Parmi ces procédures, soulignons la question de la séparation des tâches.

Tableau 18
Documentation de la division des tâches

	Quelles sont les personnes qui :
Les fonctions d'autorisation	– Autorisent les opérations?
Les fonctions reliées à la garde de l'actif	– Sont responsables des actifs?
Les diverses étapes de l'enregistrement	– Procèdent à l'enregistrement d'une opération, à chacune des différentes étapes de son cheminement?
L'application des autres procédures de contrôle	– Appliquent d'autres procédures reliées aux opérations étudiées?

De fait, l'appréciation des procédures de contrôle dépend de cette séparation des tâches et l'auditeur doit en tenir compte dans son appréciation du risque lié au contrôle. L'auditeur doit être en mesure d'identifier qu'il n'y a pas de tâches qui, si elles sont assumées par une même personne, permettent à cette personne de commettre une erreur ou une fraude et que celle-ci passe inaperçue et, si c'est le cas, d'en préciser la portée.

Impact d'éléments qui proviennent des autres composantes ou qui ont un impact généralisé

La documentation de l'appréciation du risque lié au contrôle doit aussi tenir compte d'éléments qui proviennent de l'environnement de contrôle, du processus d'évaluation des risques par l'entité, du système d'information et communication, des activités de contrôle, du suivi des contrôles, et qui viennent réduire le risque lié au contrôle. Par exemple, un suivi budgétaire serré au niveau des charges amènera l'auditeur à documenter cet aspect pour justifier son appréciation du risque lié au contrôle. Il convient également de mentionner que l'auditeur doit documenter d'une façon explicite son évaluation de la qualité de la conception et de la mise en place des activités de contrôle. En vertu des NCA, cette évaluation est requise dans tous les mandats d'audit.

Évaluation du risque lié au contrôle

Une fois que l'auditeur a tenu compte des aspects qui viennent d'être énoncés dans les points ci-haut, il est en mesure de procéder à l'appréciation du risque lié au contrôle. Celle-ci peut être documentée à l'aide d'une échelle qualitative ou quantitative. L'objectif de cette appréciation est d'en arriver à déterminer les procédures d'audit pertinentes en réponse à l'appréciation du risque. Tel que nous l'avons expliqué précédemment, cette appréciation affectera à la fois l'opération en cause et les postes qui en découlent aux états financiers.

Dans cette section, nous avons présenté les grandes étapes qui permettent à l'auditeur d'étayer son appréciation du risque lié au contrôle. Appuyés par les composantes du contrôle interne (environnement de contrôle, système d'information et communication, appréciation des risques, activités de contrôle et suivi des contrôles), divers types de contrôles ainsi que leur impact sur la réduction du risque d'anomalies significatives au niveau des assertions ont été discutés. Enfin, nous avons fait une rétrospective des principaux tests des contrôles tout en insistant sur l'aspect documentation de l'évaluation du risque lié au contrôle. La section suivante propose les diverses grilles nécessaires à l'évaluation et la documentation du risque lié au contrôle.

V

Grilles d’analyse

Questionnaire ouvert

Procédures de contrôle

Nom du client : ______________________ Date de fin d'exercice : ______________

Rédigé par : ______________________

Date : ______________________

Revu par : ______________________

Date : ______________________

À l'exception des postes et opérations décrits ci-après, le risque lié au contrôle (RLC) pour toutes les assertions des postes aux états financiers est évalué au maximum.

Nous précisons ci-après, pour les postes et assertions où le RLC est inférieur au maximum, les procédures de contrôles qui justifient le niveau d'appréciation du RLC.

Questionnaire semi-structuré

La grille d'analyse ci-après peut être utilisée par l'auditeur pour documenter son appréciation du risque lié au contrôle. Nous suggérons d'y inclure (par opération et assertion) :

- L'identification de l'opération en cause, des postes et assertions touchés;
- Les anomalies possibles;
- Les procédures de contrôle qui se rapportent aux points 1 et 2 (en y intégrant les procédures de contrôle qui ont un impact généralisé);
- L'impact d'éléments qui proviennent des autres composantes du contrôle interne;
- L'évaluation du risque lié au contrôle.

Opération en cause	
Postes et assertions	
Risque d'anomalies	
Aspects considérés	

Procédures de contrôle
–
–
–
–
–
–
–
–

Éléments provenant des autres composantes du contrôle interne et/ou qui auraient un impact généralisé
–
–
–
–
–
–
–
–

Évaluation du risque lié au contrôle :	**Faible ❐**	**Modéré ❐**	**Élevé ❐**

Questionnaire structuré

Procédures de contrôle

Nom du client : ________________ Date de fin d'exercice : __________

Rédigé par : ________________

Date : ________________

Revu par : ________________

Date : ________________

Documentation des procédures de contrôle			
Feuille de route	**Inclus**	**Non inclus**	**Sans objet**
1. Identification des aspects à considérer[9]			
2. Analyse, par type d'opération[10] :			
– Ventes			
– Encaissements			
– Notes de crédit			
– Coût des marchandises vendues			
– Achats			
– Décaissements			
– Notes de débit			
– Fabrication			
– Salaires			
– Autres			
– Autres			
– Autres			
Conclusion			

[9] Voir Grille d'analyse – Procédures de contrôle.

[10] Voir Grilles spécifiques pour chacune des opérations.

Grille d'analyse	Aspect à considérer	
	Impact généralisé	Impact sur un poste ou une assertion
L'autorisation adéquate des opérations et des activités		
Attribution du niveau d'autorité pour poser ou non tel geste	❒	❒
La séparation des tâches		
Distinction autorisation, garde des biens, enregistrement	❒	❒
Contrôle mutuel		❒
Rotation des tâches		❒
Manuel de description des tâches et procédures		❒
Séparation des tâches à l'intérieur de la fonction des technologies de l'information	❒	
Traitement de l'information		
Enregistrement en temps opportun et étaiement de l'ensemble des activités pertinentes	❒	
Documentation des systèmes	❒	
Format et design des documents sur les opérations qui permettent d'éviter les erreurs et omissions		❒
Documentation prénumérotée, protégée et suivi sur son utilisation		❒
Prévention et détection de toute omission ou dérogation à la saisie et au traitement d'une opération		
– Revue des documents d'origine avant leur traitement	❒	
– Contrôle des lots	❒	
– Vérification par clavier (double saisie)	❒	
– Chiffre de contrôle	❒	
– Contrôle de séquences		❒
– Contrôle des caractères		❒
– Contrôle de vraisemblance		❒
– Contrôle de cohérence		❒
– Contrôle de limite		❒
– Contrôle de l'exhaustivité des champs		❒
– Étiquettes internes et externes		❒
– Contrôle des rapports produits		❒
– Contrôle des anomalies et exceptions		❒
Conciliation effectuée entre les différents documents, rapports et registres comptables		❒

Grille d'analyse	Aspect à considérer	
	Impact généralisé	Impact sur un poste ou une assertion
Contrôles physiques		
Protection physique des biens (barrière, alarme, gardien, etc.)		❐
Protection des documents ou du mode de traitement autorisant l'accès aux biens et registres		❐
– Utilisation et contrôle de mots de passe, de codes d'identification de l'utilisateur et à l'accès à des fonctions restreintes	❐	
– Utilisation d'un progiciel de contrôle d'accès et de sécurité, d'antivirus ainsi que le suivi des tentatives d'accès illégitimes	❐	
– Ordinateurs protégés par l'utilisation d'écran de veille, d'authentification biométrique, de clés ou de cartes magnétiques (attribuées aux personnes autorisées)	❐	
– Ordinateurs limités à certaines opérations et leur identification lors du traitement	❐	
– Infrastructures technologiques situées dans des locaux surveillés, protégés et accessibles aux seules personnes autorisées	❐	
– Encryptage des données lors de transmission à distance	❐	
– Utilisation de signal sonore ou visuel lors de transmission à distance indiquant un problème de transmission	❐	
Contrôle de l'existence physique des éléments d'actifs et comparaison avec les registres comptables		❐
Plan de recouvrement en situation d'urgence		
– Ressources techniques adéquates en cas de défaillances du système (copie des applications, copie de sauvegarde des données, disponibilité d'équipement compatible, fournitures de bureau)	❐	
– Personnel entraîné à cette éventualité	❐	
– Documentation permettant la mise en application du plan	❐	
Évaluation des performances		
Étude et analyse critique d'informations qui, si elles sont non seulement analysées sur l'angle de l'atteinte d'objectif de performance peuvent aussi servir d'indices de défaillance de contrôle interne		
– Indicateurs clefs (tableau de bord par exemple), de statistiques	❐	
– Budgétaire, analyse des écarts	❐	
– Rapports de gestion des diverses composantes d'une entité	❐	
– Rapports informatiques, contenu des registres comptables pour des aspects particuliers		❐

1 Grille d'analyse spécifique des ventes

Grille d'analyse spécifique des ventes[11]

Documentation des procédures de contrôle par assertion et par type d'anomalies

Postes	Assertions	Anomalies	Séparation des tâches	Procédures
❒ **Ventes** ❒ **Comptes clients**	❒ **Réalité**	❒ Enregistrement de l'opération sans que la marchandise n'ait été expédiée ou le service rendu (incluant la double facturation)	V1	V2
	❒ **Exhaustivité**	❒ Marchandise expédiée ou service rendu sans que l'opération ne soit facturée	V1	V3
		❒ Opération facturée mais non enregistrée aux livres		V4
	❒ **Exactitude**	❒ Expédition de marchandises à un client dont le crédit est mauvais (évaluation et imputation)	V1	V5
		❒ Facturation comportant des erreurs de prix ou d'arithmétique		V6
		❒ Erreur de report ou d'arithmétique		V8
	❒ **Classement**	❒ Opérations enregistrées dans le mauvais compte	V1	V9
	❒ **Séparation des périodes**	❒ Enregistrement de l'opération dans le mauvais exercice financier		V7

[11] L'abréviation « V » est utilisée à titre d'index dans les pages qui suivent.

Grille d'analyse spécifique des ventes – V1

Documentation de la séparation des tâches

Identification des fonctions assumées par le personnel et des fonctions incompatibles

Fonctions	Autorisation	Garde de l'actif	Enregistrement					Autres
			Commandes	Expédition	Facturation	Registres	Comptes clients	
Préparation des bons de commande			✓					
Approbation des conditions	✓							
Approbation du crédit	✓							
Préparation du bon d'expédition				✓				
Préparation de la marchandise		✓						
Validation de l'expédition								✓
Préparation de la facture et annulation des documents de source					✓			
Approbation des prix et des modifications des prix	✓							
Validation de la facture								✓
Entrée au journal des ventes						✓		
Validation des entrées comptables								✓
Entrée à l'auxiliaire des comptes clients							✓	
Suivi de la séquence numérique des bons d'expédition								✓
Suivi de la séquence numérique des factures								✓

Fonctions	Autorisation	Garde de l'actif	Enregistrement					Autres
			Commandes	Expédition	Facturation	Registres	Comptes clients	
Appariement des bons d'expédition et des factures								✓
Conciliation de la facturation, des entrées au journal des ventes, des entrées à l'auxiliaire des comptes clients								✓
Préparation de la balance de vérification des comptes clients et de la liste chronologique des comptes clients							✓	
Revue de la liste chronologique								✓
Conciliation de l'auxiliaire des comptes clients, de la balance de vérification et du grand livre général								✓
Préparation des états de compte							✓	
Revue des états de compte								✓
Autorisation des radiations de comptes	✓							
Réception des encaissements		✓						

Le principe : Tâches qui, si elles sont assumées par une même personne, permettent à cette personne de commettre une fraude ou une erreur et que celle-ci passe inaperçue.

Au préalable : Les fonctions générales du traitement des données devraient être distinctes et ne pas être reliées aux autres fonctions ci-haut.

→ Tenir compte des modalités d'accès aux données et applications (accès logique : mots de passe, code d'identification et accès physique aux infrastructures technologiques).

Ventes – V2

Postes et assertions	Réalité – Ventes Existence – Comptes clients

Risque d'anomalies	Enregistrement de l'opération sans que la marchandise n'ait été expédiée ou le service rendu

Procédures de contrôle	Aspects à considérer	Oui	Non	S/O
	Bons de commande autorisés			
	Bons d'expédition préparés sous la responsabilité du service d'expédition			
	Bons d'expédition signés par le livreur et par le client			
	Bons d'expédition validés (données d'entrées) avec les bons de commande			
	Bons d'expédition validés avec les marchandises expédiées			
	Bons d'expédition conciliés quant à la séquence numérique, enquête sur les numéros utilisés plus d'une fois			
	Factures préparées à partir des bons d'expédition et si approprié, avec les bons de commande			
	Factures conciliées quant à leur séquence numérique, et enquête sur les numéros utilisés plus d'une fois			
	Factures appariées avec les bordereaux d'expédition suivi de toutes factures non appariées			
	Bons d'expédition annulés après la préparation de la facture			
	États de compte clients produits régulièrement et toute plainte des clients enquêtée promptement par une personne indépendante			
	Autres			
	Fonctions, ci-haut, supportées par une séparation des tâches appropriées en concordance avec des modalités d'accès restreint aux registres, fichiers et applications (accès logique et physique)			
	Fonctions, ci-haut, exercées ❒ manuellement ❒ assisté par ordinateur et/ou ❒ par contrôles entièrement automatisés (voir feuille sommaire)			

Éléments provenant de procédures de contrôle qui ont un effet généralisé

Éléments provenant de l'environnement de contrôle et du système d'information et communication

Évaluation du risque lié au contrôle :	**Faible ❒**	**Modéré ❒**	**Élevé ❒**

Ventes – V3

Postes et assertions	Exhaustivité – Ventes Exhaustivité – Comptes clients
Risque d'anomalies	Marchandise expédiée ou service rendu sans que l'opération ne soit facturée

Procédures de contrôle	Aspects à considérer	Oui	Non	S/O
	Contrôle d'accès aux marchandises (zone d'expédition contrôlée, gardien, documents requis pour sortie de marchandises)			
	Bons d'expédition prénumérotés émis pour toute expédition de marchandises et contrôle des formulaires inutilisés			
	Bons d'expédition conciliés quant à la séquence numérique et enquête sur tous les numéros manquants			
	Bons d'expédition appariés avec les factures et suivi de tous les bons d'expédition non appariés			
	Bons d'expédition facturés promptement			
	Livraison directe du fournisseur au client signifiée rapidement par un avis du fournisseur			
	Rapports indiquant les commandes en suspens, annulées ou non disponibles en inventaire et revus régulièrement par une personne autorisée			
	Autres			
	Fonctions, ci-haut, supportées par une séparation des tâches appropriées en concordance avec des modalités d'accès restreint aux registres, fichiers et applications (accès logique et physique)			
	Fonctions, ci-haut, exercées ❒ manuellement ❒ assisté par ordinateur et/ou ❒ par contrôles entièrement automatisés (voir feuille sommaire)			

Éléments provenant de procédures de contrôle qui ont un effet généralisé

Éléments provenant de l'environnement de contrôle et du système d'information et communication

Évaluation du risque lié au contrôle :	**Faible ❒**	**Modéré ❒**	**Élevé ❒**

Ventes – V4

Postes et assertions	Exhaustivité – Ventes Exhaustivité – Comptes clients

Risque d'anomalies	Opération facturée mais non enregistrée aux livres

Procédures de contrôle	Aspects à considérer	Oui	Non	S/O
	Factures prénumérotées et contrôle des formulaires inutilisés			
	Factures conciliées quant à la séquence numérique et enquête sur tous les numéros manquants			
	Facturation conciliée avec l'enregistrement au journal des ventes et à l'auxiliaire des comptes clients			
	Auxiliaire des comptes clients concilié régulièrement avec le grand livre général			
	Autres			
	Fonctions, ci-haut, supportées par une séparation des tâches appropriées en concordance avec des modalités d'accès restreint aux registres, fichiers et applications (accès logique et physique)			
	Fonctions, ci-haut, exercées ❐ manuellement ❐ assisté par ordinateur et/ou ❐ par contrôles entièrement automatisés (voir feuille sommaire)			

Éléments provenant de procédures de contrôle qui ont un effet généralisé

Éléments provenant de l'environnement de contrôle et du système d'information et communication

Évaluation du risque lié au contrôle :	**Faible ❒**	**Modéré ❒**	**Élevé ❒**

Ventes – V5

Postes et assertions	Évaluation et imputation – Comptes clients

Risque d'anomalies	Expédition de marchandises à un client dont le crédit est mauvais

Procédures de contrôle	Aspects à considérer	Oui	Non	S/O
	Approbation du crédit du client avant l'expédition			
	Limites de crédit autorisées et modifiées par une personne autorisée			
	Liste chronologique revue quant à son exactitude par une personne appropriée			
	Comptes en souffrance analysés par une personne appropriée			
	Radiation des comptes clients soumis à des critères (âge des comptes, procédures de recouvrements tentées au préalable, etc.)			
	Autorisation appropriée des radiations			
	Autres			
	Fonctions, ci-haut, supportées par une séparation des tâches appropriées en concordance avec des modalités d'accès restreint aux registres, fichiers et applications (accès logique et physique)			
	Fonctions, ci-haut, exercées ❒ manuellement ❒ assisté par ordinateur et/ou ❒ par contrôles entièrement automatisés (voir feuille sommaire)			

Éléments provenant de procédures de contrôle qui ont un effet généralisé

Éléments provenant de l'environnement de contrôle et du système d'information et communication

Évaluation du risque lié au contrôle :	**Faible ❒**	**Modéré ❒**	**Élevé ❒**

Ventes – V6

Postes et assertions	Exactitude – Ventes Évaluation et imputation – Comptes clients

Risque d'anomalies	Facturation comportant des erreurs de prix ou d'arithmétique

Procédures de contrôle	Aspects à considérer	Oui	Non	S/O
	Listes ou fichiers de prix établis et mis à jour par des personnes autorisées			
	Modifications apportées au fichier ou à la liste des prix revues par une personne autorisée			
	Données d'entrées sur les factures validées (prix utilisés, quantités facturées, arithmétique escomptes, taxes, etc.) et procédure de correction pour les erreurs décelées (les factures dont les prix diffèrent de ceux prévus doivent faire l'objet d'une autorisation par une personne désignée)			
	Autres			
	Fonctions, ci-haut, supportées par une séparation des tâches appropriées en concordance avec des modalités d'accès restreint aux registres, fichiers et applications (accès logique et physique)			
	Fonctions, ci-haut, exercées ❒ manuellement ❒ assisté par ordinateur et/ou ❒ par contrôles entièrement automatisés (voir feuille sommaire)			

Éléments provenant de procédures de contrôle qui ont un effet généralisé

Éléments provenant de l'environnement de contrôle et du système d'information et communication

Évaluation du risque lié au contrôle :	**Faible ❒**	**Modéré ❒**	**Élevé ❒**

Ventes – V7

Postes et assertions	Séparation des périodes – Ventes Exhaustivité ou existence des comptes clients

Risque d'anomalies	Enregistrement de l'opération dans le mauvais exercice financier

Procédures de contrôle	Aspects à considérer	Oui	Non	S/O
	Facturation prompte des marchandises expédiées ou des services rendus			
	Enregistrement prompt des factures au journal des ventes et à l'auxiliaire des comptes clients			
	Procédures de démarcation afin d'assurer que les marchandises expédiées ou les services rendus sont facturés et enregistrés aux livres dans les ventes de l'exercice financier concerné			
	Supervision des procédures de démarcation			
	Autres			
	Fonctions, ci-haut, supportées par une séparation des tâches appropriées en concordance avec des modalités d'accès restreint aux registres, fichiers et applications (accès logique et physique)			
	Fonctions, ci-haut, exercées ❒ manuellement ❒ assisté par ordinateur et/ou ❒ par contrôles entièrement automatisés (voir feuille sommaire)			

Éléments provenant de procédures de contrôle qui ont un effet généralisé

Éléments provenant de l'environnement de contrôle et du système d'information et communication

Évaluation du risque lié au contrôle :	**Faible ❒**	**Modéré ❒**	**Élevé ❒**

Ventes – V8

Postes et assertions	Classement – Ventes (exactitude de l'enregistrement) Classement – Comptes clients

Risque d'anomalies	Opération enregistrée dans le mauvais compte

Procédures de contrôle	Aspects à considérer	Oui	Non	S/O
	Existence d'un plan comptable approprié en conformité avec le référentiel comptable en vigueur			
	Validation de la codification de l'opération enregistrée (type de vente ou de service rendu)			
	Revue et autorisation des enregistrements comptables			
	Conciliation périodique de l'auxiliaire des comptes clients avec le compte contrôle au grand livre général			
	Procédures de repérage des apparentés			
	Autres			
	Fonctions, ci-haut, supportées par une séparation des tâches appropriées en concordance avec des modalités d'accès restreint aux registres, fichiers et applications (accès logique et physique)			
	Fonctions, ci-haut, exercées ❒ manuellement ❒ assisté par ordinateur et/ou ❒ par contrôles entièrement automatisés (voir feuille sommaire)			

Éléments provenant de procédures de contrôle qui ont un effet généralisé

Éléments provenant de l'environnement de contrôle et du système d'information et communication

Évaluation du risque lié au contrôle :	**Faible ❒**	**Modéré ❒**	**Élevé ❒**

Ventes – V9

Postes et assertions	Exactitude – Ventes Évaluation et imputation – Comptes clients

Risque d'anomalies	Erreur de report ou d'arithmétique

Procédures de contrôle	Aspects à considérer	Oui	Non	S/O
	Validation de la parité du total des débits et des crédits des enregistrements au journal des ventes			
	Validation des enregistrements effectués au journal des ventes avec les rapports produits			
	Reports automatiques ou vérification des reports manuels			
	Balance de vérification mensuelle des comptes clients et conciliation de l'auxiliaire des comptes clients avec le compte contrôle au grand livre général			
	Autres			
	Fonctions, ci-haut, supportées par une séparation des tâches appropriées en concordance avec des modalités d'accès restreint aux registres, fichiers et applications (accès logique et physique)			
	Fonctions, ci-haut, exercées ❒ manuellement ❒ assisté par ordinateur et/ou ❒ par contrôles entièrement automatisés (voir feuille sommaire)			

Éléments provenant de procédures de contrôle qui ont un effet généralisé

Éléments provenant de l'environnement de contrôle et du système d'information et communication

Évaluation du risque lié au contrôle :	**Faible ☐**	**Modéré ☐**	**Élevé ☐**

2 Grille d'analyse spécifique des encaissements

Grille d'analyse spécifique des encaissements[12]

Documentation des procédures de contrôle par assertion et par type d'anomalies

Postes	Assertions	Anomalies	Séparation des tâches	Procédures
❐ **Encaissement** ❐ **Comptes clients**	❐ **Existence**	❐ Enregistrement d'un encaissement alors que l'opération n'a pas eu lieu ou que l'encaissement n'appartient pas à l'entreprise	E1	E2
	❐ **Exhaustivité**	❐ Encaissements non déposés	E1	E3
		❐ Encaissements non enregistrés aux livres	E1	E3
	❐ **Évaluation et imputation**	❐ Mauvaise conversion des monnaies étrangères	E1	E4
		❐ Opérations enregistrées dans le mauvais compte	E1	E6
		❐ Erreur de report ou d'arithmétique	E1	E7
	❐ **Exhaustivité ou existence**	❐ Encaissements enregistrés dans le mauvais exercice financier	E1	E5

[12] L'abréviation « E » est utilisée à titre d'index dans les pages qui suivent.

Encaissements – E1

Documentation de la séparation des tâches

Identification des fonctions assumées par le personnel et des fonctions incompatibles

Fonctions	Autorisation	Garde de l'actif	Enregistrement		Autres
			Registres	Comptes clients	
Ouverture du courrier		✓			
Liste des chèques reçus		✓			
Chèques estampillés « pour dépôt seulement »		✓			
Préparation du bordereau de dépôt		✓			
Dépôt à la banque		✓			
Entrée au journal des encaissements			✓		
Validation des entrées comptables					✓
Entrée à l'auxiliaire des comptes clients				✓	
Conciliation de la liste des chèques reçus, des entrées au journal des encaissements et des entrées à l'auxiliaire des comptes clients					✓
Préparation de la balance de vérification des comptes clients et de la liste chronologique des comptes clients				✓	

Fonctions	Autorisation	Garde de l'actif	Enregistrement		Autres
			Registres	Comptes clients	
Revue de la liste chronologique					✓
Conciliation de l'auxiliaire des comptes client, de la balance de vérification et du grand livre général					✓
Préparation des états de compte				✓	
Revue des états de compte					✓
Autorisation des radiations de comptes	✓				
Réception et revue des états de compte bancaires					✓
Conciliation des états de compte bancaires avec les registres			✓		
Entrée des régularisations aux registres			✓		
Revue des conciliations bancaires					✓
Revue des entrées comptables					✓

Le principe : Tâches qui, si elles sont assumées par une même personne, permettent à cette personne de commettre une fraude ou une erreur et que celle-ci passe inaperçue.

Au préalable : Les fonctions générales du traitement des données devraient être distinctes et ne pas être reliées aux autres fonctions ci-haut.

→ Tenir compte des modalités d'accès aux données et applications (accès logique : mots de passe, code d'identification et accès physique aux infrastructures technologiques).

Encaissements – E2

Postes et assertions	Réalité des encaissements (ventes) Existence, droit et obligation – Encaisse et exhaustivité des comptes clients
Risque d'anomalies	Enregistrement d'un encaissement alors que l'opération n'a pas eu lieu ou que l'encaissement n'appartient pas à l'entreprise

Procédures de contrôle	Aspects à considérer	Oui	Non	S/O
	Comparaison des chèques avec les avis de remises et identification des factures spécifiques encaissées			
	Suivi des écarts auprès des clients			
	Identification des opérations en fidéicommis et utilisation d'un compte de banque distinct			
	Conciliation des listes d'encaissement par courrier, rapports de vente au comptant, entrées aux registres comptables et bordereaux de dépôt			
	Autres			
	Fonctions, ci-haut, supportées par une séparation des tâches appropriées en concordance avec des modalités d'accès restreint aux registres, fichiers et applications (accès logique et physique)			
	Fonctions, ci-haut, exercées ❒ manuellement ❒ assisté par ordinateur et/ou ❒ par contrôles entièrement automatisés (voir feuille sommaire)			

Éléments provenant de procédures de contrôle qui ont un effet généralisé

Éléments provenant de l'environnement de contrôle et du système d'information et communication

Évaluation du risque lié au contrôle :	**Faible ❐**	**Modéré ❐**	**Élevé ❐**

Encaissements – E3

Postes et assertions	Exhaustivité – Encaissements (encaisse) Existence des comptes clients

Risque d'anomalies	Encaissements non déposés Encaissements non enregistrés aux livres

Procédures de contrôle	Aspects à considérer	Oui	Non	S/O
	Lors de l'ouverture du courrier, préparation d'une liste des encaissements reçus			
	Lors de l'ouverture du courrier, chèques estampillés « pour dépôt seulement »			
	Lignes directrices concernant les escomptes, validation et autorisation des escomptes			
	Contrôles d'accès aux encaissements (voûtes de sécurité, dépôts réguliers, caisses sous clé, etc.)			
	Émission de reçus pour toutes ventes au comptant			
	Aucun paiement à même la caisse			
	Rubans de caisses enregistreuses contrôlés (si requis)			
	Décomptes réguliers des caisses enregistreuses et conciliation ou le rapport des encaissements (ou le ruban de caisse)			
	Les institutions financières sont avisées de refuser l'encaissement des chèques libellés à l'ordre de la Société			
	Promptitude du dépôt des encaissements (journalier), incluant les encaissements électroniques			
	Comparaison par une personne indépendante de leur préparation, de la liste des encaissements reçus par courrier, des rapports d'encaissement au comptant, des bordereaux de dépôt et des entrées aux registres comptables			
	Production mensuelle d'une balance de vérification des comptes clients et d'une liste chronologique des comptes clients et conciliation avec le grand livre général			
	Suivi indépendant des vieux comptes			
	Expédition et revue indépendante des états de compte mensuels des clients			
	Suivi indépendant des plaintes des clients			
	Conciliation bancaire mensuelle préparée par une personne indépendante et revue par une personne en autorité			
	Autres			
	Fonctions, ci-haut, supportées par une séparation des tâches appropriées en concordance avec des modalités d'accès restreint aux registres, fichiers et applications (accès logique et physique)			
	Fonctions, ci-haut, exercées ❐ manuellement ❐ assisté par ordinateur et/ou ❐ par contrôles entièrement automatisés (voir feuille sommaire)			

Éléments provenant de procédures de contrôle qui ont un effet généralisé

Éléments provenant de l'environnement de contrôle et du système d'information et communication

Évaluation du risque lié au contrôle : **Faible ❒** **Modéré ❒** **Élevé ❒**

Encaissements – E4

Postes et assertions	Exactitude – Encaissements (ventes) Évaluation et imputation – Encaisse, comptes clients

Risque d'anomalies	Mauvaise conversion des monnaies étrangères

Procédures de contrôle	Aspects à considérer	Oui	Non	S/O
	Lignes directrices à l'égard des méthodes de comptabilisation des opérations en devises étrangères et procédures en place afin d'en assurer la comptabilisation			
	Utilisation de listes appropriées de taux de change			
	Révision des calculs de conversion de taux de change ainsi que de l'utilisation des taux de change adéquats par une personne indépendante de leur préparation			
	Conciliations bancaires pour les devises étrangères préparées par une personne indépendante			
	Autres			
	Fonctions, ci-haut, supportées par une séparation des tâches appropriées en concordance avec des modalités d'accès restreint aux registres, fichiers et applications (accès logique et physique)			
	Fonctions, ci-haut, exercées ❒ manuellement ❒ assisté par ordinateur et/ou ❒ par contrôles entièrement automatisés (voir feuille sommaire)			

Éléments provenant de procédures de contrôle qui ont un effet généralisé

Éléments provenant de l'environnement de contrôle et du système d'information et communication

Évaluation du risque lié au contrôle :	Faible ☐	Modéré ☐	Élevé ☐

Encaissements – E5

Postes et assertions	Séparation des périodes – Encaissements (ventes) Existence ou exhaustivité de l'encaisse et comptes clients

Risque d'anomalies	Encaissements enregistrés dans le mauvais exercice financier

Procédures de contrôle	Aspects à considérer	Oui	Non	S/O
	Enregistrement journalier des encaissements reçus			
	Existence de procédures de démarcation afin de s'assurer que les encaissements de l'exercice sont comptabilisés dans le bon exercice financier			
	Supervision des procédures de démarcation			
	Autres			
	Fonctions, ci-haut, supportées par une séparation des tâches appropriées en concordance avec des modalités d'accès restreint aux registres, fichiers et applications (accès logique et physique)			
	Fonctions, ci-haut, exercées ❒ manuellement ❒ assisté par ordinateur et/ou ❒ par contrôles entièrement automatisés (voir feuille sommaire)			

Éléments provenant de procédures de contrôle qui ont un effet généralisé

Éléments provenant de l'environnement de contrôle et du système d'information et communication

Évaluation du risque lié au contrôle : **Faible** ☐ **Modéré** ☐ **Élevé** ☐

Encaissements – E6

Postes et assertions	Évaluation et imputation – Comptes clients (encaisse)

Risque d'anomalies	Opérations enregistrées dans le mauvais compte

Procédures de contrôle	Aspects à considérer	Oui	Non	S/O
	Existence d'un plan comptable approprié en conformité avec le référentiel comptable en vigueur			
	Validation de la codification des encaissements enregistrés			
	Revue et autorisation des entrées comptables			
	Conciliation des listes d'encaissements par courrier et rapport des encaissements au comptant (rubans de caisse) avec les bordereaux de dépôts et les registres comptables			
	Procédures de repérage des apparentés			
	Autres			
	Fonctions, ci-haut, supportées par une séparation des tâches appropriées en concordance avec des modalités d'accès restreint aux registres, fichiers et applications (accès logique et physique)			
	Fonctions, ci-haut, exercées ❐ manuellement ❐ assisté par ordinateur et/ou ❐ par contrôles entièrement automatisés (voir feuille sommaire)			

Éléments provenant de procédures de contrôle qui ont un effet généralisé

Éléments provenant de l'environnement de contrôle et du système d'information et communication

Évaluation du risque lié au contrôle :	**Faible ❒**	**Modéré ❒**	**Élevé ❒**

Encaissements – E7

Postes et assertions	Exactitude – Encaissements (ventes) Évaluation et imputation (comptes clients, encaisse)

Risque d'anomalies	Erreur de report ou d'arithmétique

Procédures de contrôle	Aspects à considérer	Oui	Non	S/O
	Vérification de la parité du total des débits et crédits des enregistrements au journal des encaissements			
	Reports automatiques (ou vérification des reports manuels)			
	Balance de vérification mensuelle des comptes clients et conciliation périodique avec les compte contrôle au grand livre général			
	Conciliations bancaires mensuelles			
	Autres			
	Fonctions, ci-haut, supportées par une séparation des tâches appropriées en concordance avec des modalités d'accès restreint aux registres, fichiers et applications (accès logique et physique)			
	Fonctions, ci-haut, exercées ❐ manuellement ❐ assisté par ordinateur et/ou ❐ par contrôles entièrement automatisés (voir feuille sommaire)			

Éléments provenant de procédures de contrôle qui ont un effet généralisé

Éléments provenant de l'environnement de contrôle et du système d'information et communication

Évaluation du risque lié au contrôle :	**Faible ❐**	**Modéré ❐**	**Élevé ❐**

3 | Grille d'analyse spécifique des notes de crédit

Grille d'analyse spécifique des notes de crédit[13]

Documentation des procédures de contrôle par assertion et par type d'anomalies

Postes	Assertions	Anomalies	Séparation des tâches	Procédures
❒ **Ventes** ❒ **Comptes clients**	❒ **Réalité**	❒ Enregistrement d'une note de crédit non autorisée, fictive ou émise en double	NC1	NC2
	❒ **Exhaustivité**	❒ Notes de crédit émises, ou qui devraient être émises, ne sont pas enregistrées	NC1	NC3
	❒ **Exactitude**	❒ Notes de crédit comportant des erreurs de prix ou d'arithmétique	NC1	NC4
		❒ Erreur de report ou d'arithmétique	NC1	NC7
	❒ **Séparation des périodes**	❒ Enregistrement des notes de crédit dans le mauvais exercice financier	NC1	NC5
	❒ **Classement**	❒ Opérations enregistrées dans le mauvais compte	NC1	NC6

[13] L'abréviation « NC » est utilisée à titre d'index dans les pages qui suivent.

Notes de crédit – NC1

Documentation de la séparation des tâches

Identification des fonctions assumées par le personnel et des fonctions incompatibles

Fonctions	Autorisation	Garde de l'actif	Enregistrement				Autres
			Réception	Notes de crédit	Registres	Comptes clients	
Préparation d'un avis de retour de marchandises			✓				
Réception de la marchandise retournée		✓					
Autorisation de l'avis de retour de marchandises	✓						
Réception des plaintes des clients							✓
Préparation d'un avis de correction des comptes clients						✓	
Autorisation des avis de correction des comptes clients	✓						
Préparation des notes de crédit				✓			
Validation des notes de crédit avec les documents sources							✓
Autorisation des notes de crédit	✓						
Suivi de la séquence numérique des avis de retour de marchandises							✓
Suivi de la séquence numérique des avis de correction de comptes clients							✓

Fonctions	Autorisation	Garde de l'actif	Enregistrement				Autres
			Réception	Notes de crédit	Registres	Comptes clients	
Suivi de la séquence numérique des notes de crédit							✓
Entrée aux registres comptables					✓		
Validation des entrées comptables							✓
Entrée à l'auxiliaire des comptes clients						✓	
Préparation de la balance de vérification des comptes clients de la liste chronologique des comptes clients						✓	
Revue de la liste chronologique							✓
Conciliation de l'auxiliaire des comptes clients, de la balance de vérification et du grand livre général							✓
Préparation des états de compte						✓	
Revue des états de compte							✓
Réception des encaissements		✓					

Le principe : Tâches qui, si elles sont assumées par une même personne, permettent à cette personne de commettre une fraude ou une erreur et que celle-ci passe inaperçue.

Au préalable : Les fonctions générales du traitement des données devraient être distinctes et ne pas être reliées aux autres fonctions ci-haut.

→ Tenir compte des modalités d'accès aux données et applications (accès logique : mots de passe, code d'identification et accès physique aux infrastructures technologiques).

Notes de crédit – NC2

Postes et assertions	Réalité des notes de crédit Exhaustivité des comptes clients

Risque d'anomalies	Enregistrement de notes de crédit non autorisées, fictives ou émises en double

Procédures de contrôle	Aspects à considérer	Oui	Non	S/O
	Les procédures pour l'émission et l'autorisation des notes de crédit sont clairement établies			
	Préparation des notes de crédit par une personne indépendante, à partir des avis autorisés de radiation ou de correction des comptes clients ou des avis de retour de marchandises			
	Autorisation des notes de crédit par une personne indépendante			
	Annulation des avis de radiation ou de correction des comptes clients et des avis de retours de marchandises afin d'éviter leur double utilisation			
	Utilisation de formulaires de notes de crédit prénumérotées, contrôle des formulaires inutilisés et enquête sur les numéros utilisés plus d'une fois			
	Suivi indépendant des plaintes de clients			
	Autres			
	Fonctions, ci-haut, supportées par une séparation des tâches appropriées en concordance avec des modalités d'accès restreint aux registres, fichiers et applications (accès logique et physique)			
	Fonctions, ci-haut, exercées ❒ manuellement ❒ assisté par ordinateur et/ou ❒ par contrôles entièrement automatisés (voir feuille sommaire)			

Éléments provenant de procédures de contrôle qui ont un effet généralisé

Éléments provenant de l'environnement de contrôle et du système d'information et communication

Évaluation du risque lié au contrôle :	**Faible ❒**	**Modéré ❒**	**Élevé ❒**

Notes de crédit – NC3

Postes et assertions	Exhaustivité des notes de crédit Existence des comptes clients

Risque d'anomalies	Notes de crédit émises, ou qui devraient être émises, et qui ne sont pas enregistrées

Procédures de contrôle	Aspects à considérer	Oui	Non	S/O
	Émission d'un avis de retour de marchandises pour toute marchandise retournée par un client			
	Validation des données entrées sur les avis de retour de marchandises avec les marchandises retournées			
	Utilisation de formulaires prénumérotés pour les avis de retour de marchandises, pour les avis de radiation ou de correction de comptes clients et pour les notes de crédit, suivi de leur suite numérique et enquête sur tous les numéros manquants			
	Appariement des avis de retour de marchandises et des avis de radiation ou de correction des comptes clients avec les notes de crédit et suivi de tous les documents non appariés			
	Acheminement rapide d'une copie de chaque avis de retour de marchandises à la comptabilité			
	Émission rapide des notes de crédit lors de la réception des avis de retour de marchandises et des avis de radiation ou de correction des comptes clients			
	Traitement rapide de toutes les plaintes de clients relatives aux comptes clients par une personne indépendante			
	Émission des notes de crédit conciliée avec leur enregistrement aux registres comptables			
	Auxiliaire des comptes clients concilié régulièrement avec le grand livre général			
	Autres			
	Fonctions, ci-haut, supportées par une séparation des tâches appropriées en concordance avec des modalités d'accès restreint aux registres, fichiers et applications (accès logique et physique)			
	Fonctions, ci-haut, exercées ❒ manuellement ❒ assisté par ordinateur et/ou ❒ par contrôles entièrement automatisés (voir feuille sommaire)			

Éléments provenant de procédures de contrôle qui ont un effet généralisé

Éléments provenant de l'environnement de contrôle et du système d'information et communication

Évaluation du risque lié au contrôle :	**Faible ❒** **Modéré ❒** **Élevé ❒**

Notes de crédit – NC4

Postes et assertions	Exactitude des notes de crédit Évaluation et imputation des comptes clients

Risque d'anomalies	Notes de crédit comportant des erreurs des prix ou d'arithmétique

Procédures de contrôle	Aspects à considérer	Oui	Non	S/O
	Validation des données entrées sur les avis de retour de marchandises ou sur les avis de radiation de comptes clients afin d'assurer que toutes les informations requises sont présentes et correctes			
	Validation des données entrées sur les notes de crédit avec les documents sources (avis de radiation ou de correction des comptes clients ou avis de retour de marchandises, factures)			
	Validation des additions et autres calculs effectués dans la préparation des notes de crédit			
	Autres			
	Fonctions, ci-haut, supportées par une séparation des tâches appropriées en concordance avec des modalités d'accès restreint aux registres, fichiers et applications (accès logique et physique)			
	Fonctions, ci-haut, exercées ❒ manuellement ❒ assisté par ordinateur et/ou ❒ par contrôles entièrement automatisés (voir feuille sommaire)			

Éléments provenant de procédures de contrôle qui ont un effet généralisé

Éléments provenant de l'environnement de contrôle et du système d'information et communication

Évaluation du risque lié au contrôle :	**Faible ❒**	**Modéré ❒**	**Élevé ❒**

Notes de crédit – NC5

Postes et assertions	Séparation des périodes des notes de crédit Existence et exhaustivité des comptes clients

Risque d'anomalies	Enregistrement des notes de crédit dans le mauvais exercice financier

Procédures de contrôle	Aspects à considérer	Oui	Non	S/O
	Émission prompte des notes de crédit			
	Enregistrement rapide aux registres comptables			
	Procédures de démarcation en place afin d'assurer que les marchandises retournées et les corrections aux comptes clients sont enregistrées aux livres dans le bon exercice financier			
	Autres			
	Fonctions, ci-haut, supportées par une séparation des tâches appropriées en concordance avec des modalités d'accès restreint aux registres, fichiers et applications (accès logique et physique)			
	Fonctions, ci-haut, exercées ❒ manuellement ❒ assisté par ordinateur et/ou ❒ par contrôles entièrement automatisés (voir feuille sommaire)			

Éléments provenant de procédures de contrôle qui ont un effet généralisé

Éléments provenant de l'environnement de contrôle et du système d'information et communication

Évaluation du risque lié au contrôle :	**Faible ❒**	**Modéré ❒**	**Élevé ❒**

Notes de crédit – NC6

Postes et assertions	Classement des notes de crédit Évaluation et imputation des compte clients

Risque d'anomalies	Opérations enregistrées dans le mauvais compte

Procédures de contrôle	Aspects à considérer	Oui	Non	S/O
	Existence d'un plan comptable approprié en conformité avec le référentiel comptable en vigueur			
	Validation de la codification des notes de crédit avec les documents sources			
	Conciliation des reports des registres à l'auxiliaire des comptes clients			
	Procédures de repérage des apparentés			
	Revue et autorisation des enregistrements comptables			
	Balance de vérification périodique des comptes clients et conciliation de l'auxiliaire des comptes clients avec le compte contrôle au grand livre général			
	Autres			
	Fonctions, ci-haut, supportées par une séparation des tâches appropriées en concordance avec des modalités d'accès restreint aux registres, fichiers et applications (accès logique et physique)			
	Fonctions, ci-haut, exercées ❒ manuellement ❒ assisté par ordinateur et/ou ❒ par contrôles entièrement automatisés (voir feuille sommaire)			

Éléments provenant de procédures de contrôle qui ont un effet généralisé

Éléments provenant de l'environnement de contrôle et du système d'information et communication

Évaluation du risque lié au contrôle :	**Faible ❐**	**Modéré ❐**	**Élevé ❐**

Notes de crédit – NC7

Postes et assertions	Exactitude des notes de crédit Évaluation et imputation des comptes clients

Risque d'anomalies	Erreur de report ou d'arithmétique

Procédures de contrôle	Aspects à considérer	Oui	Non	S/O
	Vérification de la parité du total des débits et crédits			
	Conciliation des enregistrements comptables avec les rapports produits			
	Reports automatiques (ou vérification des reports manuels)			
	Balance de vérification périodique des comptes clients et conciliation de l'auxiliaire des comptes clients avec le compte contrôle au grand livre général			
	Autres			
	Fonctions, ci-haut, supportées par une séparation des tâches appropriées en concordance avec des modalités d'accès restreint aux registres, fichiers et applications (accès logique et physique)			
	Fonctions, ci-haut, exercées ❐ manuellement ❐ assisté par ordinateur et/ou ❐ par contrôles entièrement automatisés (voir feuille sommaire)			

Éléments provenant de procédures de contrôle qui ont un effet généralisé

Éléments provenant de l'environnement de contrôle et du système d'information et communication

Évaluation du risque lié au contrôle :	**Faible ❐**	**Modéré ❐**	**Élevé ❐**

4 | Grille d'analyse spécifique des coûts des marchandises vendues

Grille d'analyse spécifique des coûts des marchandises vendues[14]

Documentation des procédures de contrôle par assertion et par type d'anomalies

Postes	Assertions	Anomalies	Séparation des tâches	Procédures
❒ **Coût des marchandises vendues** ❒ **Stocks**	❒ **Réalité**	❒ Enregistrement du coût alors que la vente n'est pas enregistrée	C1	C2
	❒ **Exhaustivité**	❒ Coût relatif aux marchandises vendues non enregistré aux livres	C1	C3
	❒ **Exactitude**	❒ Coût unitaire utilisé inadéquatement	C1	C4
		❒ Erreur de report ou d'arithmétique	C1	C7
	❒ **Séparation des périodes**	❒ Opération enregistrée dans le mauvais exercice financier	C1	C5
	❒ **Classement**	❒ Opérations enregistrées dans le mauvais compte	C1	C6

[14] L'abréviation « C » est utilisée à titre d'index dans les pages qui suivent.

Coût des marchandises vendues – C1

Documentation de la séparation des tâches

Identification des fonctions assumées par le personnel et des fonctions incompatibles

Fonctions	Autorisation	Garde de l'actif	Enregistrement				Autres
			Réception	Notes de crédit	Registres	Comptes clients	
Entrée aux registres pour le coût des marchandises vendues						✓	
Validation des entrées : quantité expédiée, coût unitaire utilisé, calculs							✓
Annulation des bons d'expédition entrés au coût des marchandises vendues						✓	
Suivi de la séquence numérique des bons d'expédition							✓
Mise à jour de l'inventaire permanent				✓			
Établissement et modifications aux coûts unitaires réels et standards					✓		

Fonctions	Autorisation	Garde de l'actif	Enregistrement				Autres
			Réception	Notes de crédit	Registres	Comptes clients	
Autorisation de l'établissement et des modifications aux coûts unitaires réels et standards	✓						
Accumulation et imputation adéquates des coûts encourus de matières premières, de main-d'œuvre directe et des frais généraux de fabrication						✓	
Analyse des variations entre les coûts réels et les coûts standards					✓		
Revue des marges bénéficiaires brutes par produit							✓

Le principe : Tâches qui, si elles sont assumées par une même personne, permettent à cette personne de commettre une fraude ou une erreur et que celle-ci passe inaperçue.

Au préalable : Les fonctions générales du traitement des données devraient être distinctes et ne pas être reliées aux autres fonctions ci-haut.

→ Tenir compte des modalités d'accès aux données et applications (accès logique : mots de passe, code d'identification et accès physique aux infrastructures technologiques).

Coût des marchandises vendues – C2

Postes et assertions	Réalité du coût des marchandises vendues

Risque d'anomalies	Enregistrement du coût alors que la vente du bien n'est pas enregistrée

Procédures de contrôle	Aspects à considérer	Oui	Non	S/O
	Voir également les contrôles sur les ventes			
	Appariement de la suite numérique des bons d'expédition avec les entrées comptables pour le coût des marchandises vendues, enquête sur tout numéro entré en double			
	Validation des quantités enregistrées aux registres pour le coût des marchandises vendues avec les quantités indiquées sur les bons d'expédition			
	Annulation du bon d'expédition après son enregistrement aux registres pour le coût des marchandises vendues			
	Autres			
	Fonctions, ci-haut, supportées par une séparation des tâches appropriées en concordance avec des modalités d'accès restreint aux registres, fichiers et applications (accès logique et physique)			
	Fonctions, ci-haut, exercées ❐ manuellement ❐ assisté par ordinateur et/ou ❐ par contrôles entièrement automatisés (voir feuille sommaire)			

Éléments provenant de procédures de contrôle qui ont un effet généralisé

Éléments provenant de l'environnement de contrôle et du système d'information et communication

Évaluation du risque lié au contrôle :	**Faible ❒**	**Modéré ❒**	**Élevé ❒**

Coût des marchandises vendues – C3

Postes et assertions	Exhaustivité du coût des marchandises vendues

Risque d'anomalies	Coût relatif aux marchandises vendues non enregistré aux livres

Procédures de contrôle	Aspects à considérer	Oui	Non	S/O
	Voir également les contrôles sur les ventes			
	Entrées aux registres effectuées promptement lors de la réception des bons d'expédition			
	Appariement de la suite numérique des bons d'expédition avec les entrées comptables pour le coût des marchandises vendues, enquête sur tout numéro manquant			
	Validation des quantités indiquées sur les bons d'expédition avec les quantités enregistrées aux registres pour le coût des marchandises vendues			
	Autres			
	Fonctions, ci-haut, supportées par une séparation des tâches appropriées en concordance avec des modalités d'accès restreint aux registres, fichiers et applications (accès logique et physique)			
	Fonctions, ci-haut, exercées ❒ manuellement ❒ assisté par ordinateur et/ou ❒ par contrôles entièrement automatisés (voir feuille sommaire)			

Éléments provenant de procédures de contrôle qui ont un effet généralisé

Éléments provenant de l'environnement de contrôle et du système d'information et communication

Évaluation du risque lié au contrôle :	**Faible ❒**	**Modéré ❒**	**Élevé ❒**

Coût des marchandises vendues – C4

Postes et assertions	Exactitude du coût des marchandises vendues

Risque d'anomalies	Coût unitaire inadéquat

Procédures de contrôle	Aspects à considérer	Oui	Non	S/O
	Accumulation et imputation adéquates des coûts encourus de matières premières, de main-d'œuvre directe et des frais généraux de fabrication			
	Coûts standards établis par une personne appropriée			
	Révision des coûts standards pour tenir compte des changements dans les taux horaires dans les critères de performance, dans le coût des matières premières			
	Révision des coûts standards (allocation des frais généraux de fabrication) pour tenir compte des changements durables de la base d'attribution des frais généraux de fabrication (niveau de production, d'heures travaillées, etc.)			
	Établissement et modifications aux coûts standards approuvés par des responsables autorisés des services de la comptabilité et de la production			
	Analyse des variations entre les coûts réels et les coûts standards et révision des coûts standards pour refléter tout changement durable			
	Validation du coût utilisé pour les entrées aux registres pour le coût des marchandises vendues afin d'assurer que le coût approprié est utilisé			
	Validation des données entrées aux registres pour le coût des marchandises vendues (quantité, numéro et description des biens) avec les données sur les bons d'expédition, validation des calculs, et procédure de correction de toute erreur décelée			
	Analyse des marges bénéficiaires brutes par produit et enquête sur les fluctuations importantes			
	Autres			
	Fonctions, ci-haut, supportées par une séparation des tâches appropriées en concordance avec des modalités d'accès restreint aux registres, fichiers et applications (accès logique et physique)			
	Fonctions, ci-haut, exercées ❒ manuellement ❒ assisté par ordinateur et/ou ❒ par contrôles entièrement automatisés (voir feuille sommaire)			

Éléments provenant de procédures de contrôle qui ont un effet généralisé

Éléments provenant de l'environnement de contrôle et du système d'information et communication

Évaluation du risque lié au contrôle : **Faible ☐** **Modéré ☐** **Élevé ☐**

Coût des marchandises vendues – C5

Postes et assertions	Séparation des périodes du coût des marchandises vendues

Risque d'anomalies	Opération enregistrée dans le mauvais exercice financier

Procédures de contrôle	Aspects à considérer	Oui	Non	S/O
	Enregistrement prompt aux registres pour le coût des marchandises vendues à partir des bons d'expédition émis			
	Procédure de démarcation en place afin d'assurer que le coût de toute marchandise vendue a été enregistré au coût des marchandises vendues			
	Supervision sur l'application de ces procédures			
	Autres			
	Fonctions, ci-haut, supportées par une séparation des tâches appropriées en concordance avec des modalités d'accès restreint aux registres, fichiers et applications (accès logique et physique)			
	Fonctions, ci-haut, exercées ❒ manuellement ❒ assisté par ordinateur et/ou ❒ par contrôles entièrement automatisés (voir feuille sommaire)			

Éléments provenant de procédures de contrôle qui ont un effet généralisé

Éléments provenant de l'environnement de contrôle et du système d'information et communication

Évaluation du risque lié au contrôle :	**Faible ❐**	**Modéré ❐**	**Élevé ❐**

Coût des marchandises vendues – C6

Postes et assertions	Classement du coût des marchandises vendues

Risque d'anomalies	Coût relatif aux marchandises vendues non enregistré aux livres

Procédures de contrôle	Aspects à considérer	Oui	Non	S/O
	Existence d'un plan comptable approprié en conformité avec le référentiel comptable en vigueur			
	Validation de la codification de l'opération enregistrée (type de bien vendu)			
	Revue et autorisation des enregistrements comptables			
	Procédures de repérage des apparentés			
	Conciliation périodique des registres d'inventaire avec la liste du stock et le compte contrôle au grand livre général			
	Autres			
	Fonctions, ci-haut, supportées par une séparation des tâches appropriées en concordance avec des modalités d'accès restreint aux registres, fichiers et applications (accès logique et physique)			
	Fonctions, ci-haut, exercées ❒ manuellement ❒ assisté par ordinateur et/ou ❒ par contrôles entièrement automatisés (voir feuille sommaire)			

Éléments provenant de procédures de contrôle qui ont un effet généralisé

Éléments provenant de l'environnement de contrôle et du système d'information et communication

Évaluation du risque lié au contrôle : **Faible ☐** **Modéré ☐** **Élevé ☐**

Coût des marchandises vendues – C7

Postes et assertions	Exactitude du coût des marchandises vendues

Risque d'anomalies	Erreur de report ou d'arithmétique dans les registres

Procédures de contrôle	Aspects à considérer	Oui	Non	S/O
	Validation de la parité du total des débits et crédits			
	Conciliation des enregistrements comptables avec les différents rapports et analyses reliés aux coûts des marchandises vendues			
	Reports automatiques (ou vérification des reports manuels)			
	Conciliation des registres d'inventaire avec la liste du stock et le compte contrôle au grand livre général			
	Autres			
	Fonctions, ci-haut, supportées par une séparation des tâches appropriées en concordance avec des modalités d'accès restreint aux registres, fichiers et applications (accès logique et physique)			
	Fonctions, ci-haut, exercées ❐ manuellement ❐ assisté par ordinateur et/ou ❐ par contrôles entièrement automatisés (voir feuille sommaire)			

Éléments provenant de procédures de contrôle qui ont un effet généralisé

Éléments provenant de l'environnement de contrôle et du système d'information et communication

Évaluation du risque lié au contrôle :	**Faible ❐**	**Modéré ❐**	**Élevé ❐**

5 | Grille d'analyse spécifique des achats, charges

Grille d'analyse spécifique des achats, charges[15]

Documentation des procédures de contrôle par assertion et par type d'anomalies

Postes	Assertions	Anomalies	Séparation des tâches	Procédures
❒ **Achats** ❒ **Comptes fournisseurs**	❒ **Réalité**	❒ Enregistrement de l'opération sans que la marchandise n'ait été reçue ou le service rendu, ou qu'elle ne se rapporte à l'entreprise	A1	A2
	❒ **Exhaustivité**	❒ Opération non enregistrée bien que la marchandise ait été reçue ou le service rendu	A1	A3
	❒ **Exactitude**	❒ Opérations enregistrées à un montant inexact	A1	A4
		❒ Erreur de report ou d'arithmétique	A1	A7
	❒ **Séparation des périodes**	❒ Opérations enregistrées dans le mauvais exercice financier	A1	A5
	❒ **Classement**	❒ Opérations enregistrées dans le mauvais compte	A1	A6

[15] L'abréviation « A » est utilisée à titre d'index dans les pages qui suivent.

Achats, charges – A1

Documentation de la séparation des tâches

Identification des fonctions assumées par le personnel et des fonctions incompatibles

Fonctions	Autorisation	Garde de l'actif		Enregistrement				Autres
		Stocks	Encaisse	Commandes	Facturation	Registres	Comptes fournisseurs	
Autorisation des réquisitions de marchandises	✓							
Préparation du bon de commande				✓				
Approbation du bon de commande	✓							
Réception des marchandises, inspection des marchandises reçues et validation des marchandises reçues avec le bon de commande.		✓						
Préparation du bon de réception								
Validation du bon de réception								✓
Réception de la facture					✓			
Vérification des factures avec le bon de commande et le bon de réception					✓			
Validation arithmétique des factures					✓			
Entrée au journal des achats						✓		
Validation des entrées comptables								✓
Entrée à l'auxiliaire des créditeurs							✓	

Fonctions	Autorisation	Garde de l'actif		Enregistrement				Autres
		Stocks	Encaisse	Commandes	Facturation	Registres	Comptes fournisseurs	
Suivi de la séquence numérique des bons de commande								✓
Suivi de la séquence numérique des bons de réception								✓
Conciliation des entrées au journal des achats et des entrées à l'auxiliaire des créditeurs								✓
Préparation de la balance de vérification des créditeurs et de la liste chronologique des créditeurs							✓	
Revue de la liste chronologique des créditeurs								✓
Conciliation de l'auxiliaire des créditeurs, de la balance de vérification et du grand livre général								✓
Réception des états de compte					✓			
Conciliation des états de compte avec les soldes à l'auxiliaire des créditeurs								✓

Le principe : Tâches qui, si elles sont assumées par une même personne, permettent à cette personne de commettre une fraude ou une erreur et que celle-ci passe inaperçue.

Au préalable : Les fonctions générales du traitement des données devraient être distinctes et ne pas être reliées aux autres fonctions ci-haut.

→ Tenir compte des modalités d'accès aux données et applications (accès logique : mots de passe, code d'identification et accès physique aux infrastructures technologiques).

Achats, charges – A2

Postes et assertions	Réalité des achats Existence des comptes fournisseurs

Risque d'anomalies	Enregistrement de l'opération sans que la marchandise n'ait été reçue ou le service rendu ou qu'elle ne se rapporte à l'entreprise

Procédures de contrôle	Aspects à considérer	Oui	Non	S/O
	Existence de procédures d'autorisation appropriées pour les réquisitions d'achat de biens et services			
	Processus de sélection des fournisseurs et de l'émission de bons de commande effectués par des personnes appropriées			
	Utilisation de bons de commande et bons de réception prénumérotés, contrôle des formulaires non utilisés et enquête sur les numéros utilisés plus d'une fois			
	Les marchandises reçues ne sont acceptées qu'après avoir vérifié qu'elles sont conformes à la commande (qualité, quantité et spécifications)			
	Les bons de réception ne sont émis qu'après avoir inspecté, compté, mesuré, pesé les marchandises reçues			
	Avant l'enregistrement aux livres des factures des fournisseurs, comparaison des factures avec le bon de réception et le bon de commande (ou tout autre document dans le cas des services tels les contrats) et vérification des autorisations adéquates sur ces documents			
	Vérification et annulation des factures enregistrées et des pièces justificatives qui leur sont appariées après leur enregistrement aux livres			
	Autres			
	Fonctions, ci-haut, supportées par une séparation des tâches appropriées en concordance avec des modalités d'accès restreint aux registres, fichiers et applications (accès logique et physique)			
	Fonctions, ci-haut, exercées ❒ manuellement ❒ assisté par ordinateur et/ou ❒ par contrôles entièrement automatisés (voir feuille sommaire)			

Éléments provenant de procédures de contrôle qui ont un effet généralisé

Éléments provenant de l'environnement de contrôle et du système d'information et communication

Évaluation du risque lié au contrôle :	**Faible ❒**	**Modéré ❒**	**Élevé ❒**

Achats, charges – A3

Postes et assertions	Exhaustivité des achats et des comptes fournisseurs

Risque d'anomalies	Opération non enregistrée bien que la marchandise ait été reçue ou le service rendu

Procédures de contrôle	Aspects à considérer	Oui	Non	S/O
	Suivi de la suite numérique des bons de commande et des bons de réception et enquête sur tous les numéros manquants			
	Appariement des bons de commande avec les bons de réception, suivi et traitement rapide des bons de commande en suspens			
	Factures des fournisseurs reçues directement par le service des comptes fournisseurs			
	Contrôle des factures reçues établi à l'ouverture du courrier (attribution d'un numéro de pièces justificatives (bons d'échange) et enregistrement dans un registre des pièces justificatives ou liste des sommes facturées et des dates d'enregistrement aux livres)			
	Appariement de tous les bons de réception avec les factures et suivi de tous les bons de réception non appariés			
	Codification et enregistrement rapide des factures appariées			
	Conciliation périodique des états de comptes fournisseurs			
	Revue de la conciliation des états de comptes fournisseurs par une personne appropriée			
	Autres			
	Fonctions, ci-haut, supportées par une séparation des tâches appropriées en concordance avec des modalités d'accès restreint aux registres, fichiers et applications (accès logique et physique)			
	Fonctions, ci-haut, exercées ❒ manuellement ❒ assisté par ordinateur et/ou ❒ par contrôles entièrement automatisés (voir feuille sommaire)			

Éléments provenant de procédures de contrôle qui ont un effet généralisé

Éléments provenant de l'environnement de contrôle et du système d'information et communication

Évaluation du risque lié au contrôle :	**Faible ❒**	**Modéré ❒**	**Élevé ❒**

Achats, charges – A4

Postes et assertions	Exactitude des achats Évaluation et imputation des comptes fournisseurs

Risque d'anomalies	Opérations enregistrées à un montant inexact

Procédures de contrôle	Aspects à considérer	Oui	Non	S/O
	Vérification des prix et quantités facturés avec le bon de commande et le bon de réception avant l'enregistrement des factures et suivi de tous les écarts constatés			
	Vérification de l'exactitude arithmétique des factures : additions, escomptes, taxes, etc., et suivi de tous les écarts			
	Validation des enregistrements au journal des achats avec les factures et les rapports produits et suivi de toutes les erreurs			
	Autres			
	Fonctions, ci-haut, supportées par une séparation des tâches appropriées en concordance avec des modalités d'accès restreint aux registres, fichiers et applications (accès logique et physique)			
	Fonctions, ci-haut, exercées ❒ manuellement ❒ assisté par ordinateur et/ou ❒ par contrôles entièrement automatisés (voir feuille sommaire)			

Éléments provenant de procédures de contrôle qui ont un effet généralisé

Éléments provenant de l'environnement de contrôle et du système d'information et communication

Évaluation du risque lié au contrôle :	**Faible ❐**	**Modéré ❐**	**Élevé ❐**

Achats, charges – A5

Postes et assertions	Séparation des périodes des achats Existence ou exhaustivité des comptes fournisseurs

Risque d'anomalies	Opérations enregistrées dans le mauvais exercice financier

Procédures de contrôle	Aspects à considérer	Oui	Non	S/O
	Enregistrement rapide de tous les bons de réception et factures reçues			
	Procédures de démarcation en place afin d'assurer que pour toutes les marchandises, ou tous les services reçus, les coûts sont enregistrés aux livres dans l'exercice financier concerné			
	Supervision de ces procédures			
	Autres			
	Fonctions, ci-haut, supportées par une séparation des tâches appropriées en concordance avec des modalités d'accès restreint aux registres, fichiers et applications (accès logique et physique)			
	Fonctions, ci-haut, exercées ❒ manuellement ❒ assisté par ordinateur et/ou ❒ par contrôles entièrement automatisés (voir feuille sommaire)			

Éléments provenant de procédures de contrôle qui ont un effet généralisé

Éléments provenant de l'environnement de contrôle et du système d'information et communication

Évaluation du risque lié au contrôle :	**Faible ❐**	**Modéré ❐**	**Élevé ❐**

Achats, charges – A6

Postes et assertions	Classement des achats Évaluation et imputation des comptes fournisseurs

Risque d'anomalies	Opérations enregistrées dans le mauvais compte

Procédures de contrôle	Aspects à considérer	Oui	Non	S/O
	Existence d'un plan comptable approprié en conformité avec le référentiel comptable en vigueur			
	Vérification de la description des produits ou des services facturés avec le bon de réception, avant de codifier l'opération			
	Validation de la codification des opérations enregistrées			
	Procédures de repérage des apparentés			
	Conciliation mensuelle des états de compte fournisseurs			
	Autres			
	Fonctions, ci-haut, supportées par une séparation des tâches appropriées en concordance avec des modalités d'accès restreint aux registres, fichiers et applications (accès logique et physique)			
	Fonctions, ci-haut, exercées ❒ manuellement ❒ assisté par ordinateur et/ou ❒ par contrôles entièrement automatisés (voir feuille sommaire)			

Éléments provenant de procédures de contrôle qui ont un effet généralisé

Éléments provenant de l'environnement de contrôle et du système d'information et communication

Évaluation du risque lié au contrôle :	**Faible ❒**	**Modéré ❒**	**Élevé ❒**

Achats, charges – A7

Postes et assertions	Exactitude des achats Évaluation et imputation des comptes fournisseurs

Risque d'anomalies	Erreur de report ou d'arithmétique

Procédures de contrôle	Aspects à considérer	Oui	Non	S/O
	Validation de la parité du total des débits et crédits au journal des achats			
	Reports automatiques (ou vérification des reports manuels) au grand livre général et à l'auxiliaire des comptes fournisseurs			
	Conciliation mensuelle des états de comptes fournisseurs			
	Balance de vérification mensuelle des comptes fournisseurs et conciliation de l'auxiliaire des comptes fournisseurs avec le compte contrôle au grand livre général			
	Autres			
	Fonctions, ci-haut, supportées par une séparation des tâches appropriées en concordance avec des modalités d'accès restreint aux registres, fichiers et applications (accès logique et physique)			
	Fonctions, ci-haut, exercées ❒ manuellement ❒ assisté par ordinateur et/ou ❒ par contrôles entièrement automatisés (voir feuille sommaire)			

Éléments provenant de procédures de contrôle qui ont un effet généralisé

Éléments provenant de l'environnement de contrôle et du système d'information et communication

Évaluation du risque lié au contrôle :	**Faible ❐**	**Modéré ❐**	**Élevé ❐**

6 Grille d'analyse spécifique des décaissements

Grille d'analyse spécifique des décaissements[16]

Documentation des procédures de contrôle par assertion et par type d'anomalies

Postes	Assertions	Anomalies	Séparation des tâches	Procédures
❒ **Décaissements** ❒ **Comptes fournisseurs**	❒ **Réalité**	❒ Des décaissements effectués ne sont pas autorisés et justifiés	D1	D2
	❒ **Exhaustivité**	❒ Des décaissements effectués ne sont pas enregistrés	D1	D3
	❒ **Exactitude**	❒ Des chèques sont faits au montant inapproprié (montant inscrit ne correspond pas au montant sur les pièces, erreur de conversion de devises étrangères)	D1	D4
		❒ Erreur de report ou d'arithmétique	D1	D7
	❒ **Séparation des périodes**	❒ Décaissements enregistrés dans le mauvais exercice financier	D1	D5
	❒ **Classement**	❒ Opérations enregistrées dans le mauvais compte	D1	D6

[16] L'abréviation « D » est utilisée à titre d'index dans les pages qui suivent.

Décaissements – D1

Documentation de la séparation des tâches

Identification des fonctions assumées par le personnel et des fonctions incompatibles

Fonctions	Autorisation	Garde de l'actif	Enregistrement			Autres
			Chèques	Registres	Comptes fournisseurs	
Établir la liste des factures pour paiement					✓	
Préparation des chèques et protectographe			✓			
Signature des chèques par deux signataires autorisés	✓					
Annulation des pièces justificatives soumises par le dernier signataire du chèque ou du virement électronique	✓					
Mise à la poste des chèques directement sous la responsabilité du dernier signataire						✓
Utilisation de chèques prénumérotés			✓			
Suivi de la suite numérique des chèques émis et enquête sur tous numéros manquants ou utilisés plus d'une fois						✓
Accès restreint aux chèques en blanc		✓				
Accès restreint à la plaque à signature/signature électronique	✓					
Conciliation du nombre de chèques utilisés avec l'utilisation de la plaque à signature						✓
Conservation des chèques annulés						✓

Fonctions	Autorisation	Garde de l'actif	Enregistrement			Autres
			Chèques	Registres	Comptes fournisseurs	
Entrée au journal des décaissements				✓		
Validation du journal des décaissements avec les paiements enregistrés						✓
Entrée à l'auxiliaire des créditeurs					✓	
Conciliation des entrées au journal des décaissements et des entrées à l'auxiliaire des créditeurs						✓
Préparation de la balance de vérification des créditeurs, et de la liste chronologique des créditeurs					✓	
Revue la liste chronologique des créditeurs						✓
Conciliation de l'auxiliaire des créditeurs, de la balance de vérification et du grand livre général						✓
Conciliation des états de compte avec les soldes à l'auxiliaire des créditeurs						✓
Réception et revue des états de compte bancaires						✓
Conciliation des états de compte bancaires						✓
Revue des conciliations bancaires						✓

Le principe : Tâches qui, si elles sont assumées par une même personne, permettent à cette personne de commettre une fraude ou une erreur et que celle-ci passe inaperçue.

Au préalable : Les fonctions générales du traitement des données devraient être distinctes et ne pas être reliées aux autres fonctions ci-haut.

→ Tenir compte des modalités d'accès aux données et applications (accès logique : mots de passe, code d'identification et accès physique aux infrastructures technologiques).

Décaissements – D2

Postes et assertions	Réalité des décaissements Exhaustivité des comptes fournisseurs et de l'encaisse
Risque d'anomalies	Des décaissements effectués ne sont pas autorisés ou justifiés (incluant paiement en double d'une facture, détournement ou vol de fonds)

Procédures de contrôle	Aspects à considérer	Oui	Non	S/O
	Signataires autorisés désignés par le conseil d'administration et l'institution financière est promptement informée de tous changements à cet égard			
	Tous les comptes bancaires utilisés sont autorisés par le conseil d'administration			
	Deux signatures requises sur chacun des chèques émis ou pour l'utilisation d'une plaque à signature/signature électronique			
	Lors de la demande de signature, obligation de soumettre toutes les pièces justificatives à l'appui du décaissement : factures, bons de réception et bons de commande dûment vérifiés et approuvés			
	Examen et annulation des pièces justificatives par le signataire : conciliation du montant payé et des factures soumises			
	Chèques mis directement à la poste par le dernier signataire			
	Utilisation d'un protectographe			
	Contrôle et accès restreint aux formulaires de chèques en blanc et aux plaques à signatures			
	Utilisation de chèques prénumérotés, suivi de la suite numérique			
	Conciliation du nombre de chèques utilisés avec l'utilisation de la plaque à signature			
	Conservation des chèques annulés et enquête sur tous les chèques manquants			
	Pas de chèque au porteur ni de chèque en blanc			
	Conciliations bancaires (incluant conciliation des transferts bancaires, suivi des chèques en circulation et annulation des chèques périmés) effectuées périodiquement par une personne appropriée			
	Révision des conciliations bancaires par personne appropriée			
	Autres			
	Fonctions, ci-haut, supportées par une séparation des tâches appropriées en concordance avec des modalités d'accès restreint aux registres, fichiers et applications (accès logique et physique)			
	Fonctions, ci-haut, exercées ❐ manuellement ❐ assisté par ordinateur et/ou ❐ par contrôles entièrement automatisés (voir feuille sommaire)			

Éléments provenant de procédures de contrôle qui ont un effet généralisé

Éléments provenant de l'environnement de contrôle et du système d'information et communication

Évaluation du risque lié au contrôle :	**Faible ☐**	**Modéré ☐**	**Élevé ☐**

Décaissements – D3

Postes et assertions	Exhaustivité des décaissements Existence des comptes fournisseurs et de l'encaisse

Risque d'anomalies	Des décaissements effectués ne sont pas enregistrés

Procédures de contrôle	Aspects à considérer	Oui	Non	S/O
	Contrôle et accès restreint aux formulaires de chèques en blanc et aux plaques à signatures			
	Utilisation de chèques prénumérotés et suivi de la suite numérique			
	Suivi des factures pour lesquelles le montant total n'a pas été payé			
	Validation des chèques enregistrés au journal des décaissements avec les chèques et avec les rapports produits			
	Enregistrement rapide de tous les chèques émis, de tous les transferts effectués et de tous les débits au compte bancaire			
	Conciliation bancaire effectuée périodiquement par une personne appropriée			
	Révision des conciliations bancaires par une personne appropriée			
	Conciliation des états de compte des fournisseurs			
	Revue de la conciliation des états de compte des fournisseurs			
	Autres			
	Fonctions, ci-haut, supportées par une séparation des tâches appropriées en concordance avec des modalités d'accès restreint aux registres, fichiers et applications (accès logique et physique)			
	Fonctions, ci-haut, exercées ❐ manuellement ❐ assisté par ordinateur et/ou ❐ par contrôles entièrement automatisés (voir feuille sommaire)			

Éléments provenant de procédures de contrôle qui ont un effet généralisé

Éléments provenant de l'environnement de contrôle et du système d'information et communication

Évaluation du risque lié au contrôle :	**Faible ❒**	**Modéré ❒**	**Élevé ❒**

Décaissements – D4

Postes et assertions	Exactitude des décaissements Évaluation et imputation de l'encaisse et des comptes fournisseurs

Risque d'anomalies	Des chèques sont faits au montant inexact (incluant montant inscrit ne correspondant pas au montant sur les pièces, erreur arithmétique, erreur de conversion des monnaies étrangères)

Procédures de contrôle	Aspects à considérer	Oui	Non	S/O
	Conciliation du montant du chèque ou du transfert électronique ou de l'avis de débit, etc., avec les pièces justificatives soumises			
	Lignes directrices pour l'utilisation des escomptes et de la méthode de conversion des monnaies étrangères			
	Validation des escomptes et des conversions de devises étrangères			
	Conciliations bancaires périodiques			
	Autres			
	Fonctions, ci-haut, supportées par une séparation des tâches appropriées en concordance avec des modalités d'accès restreint aux registres, fichiers et applications (accès logique et physique)			
	Fonctions, ci-haut, exercées ❒ manuellement ❒ assisté par ordinateur et/ou ❒ par contrôles entièrement automatisés (voir feuille sommaire)			

Éléments provenant de procédures de contrôle qui ont un effet généralisé

Éléments provenant de l'environnement de contrôle et du système d'information et communication

Évaluation du risque lié au contrôle :	**Faible ❑**	**Modéré ❑**	**Élevé ❑**

Décaissements – D5

Postes et assertions	Séparation des périodes des décaissements Exhaustivité et existence de l'encaisse et comptes fournisseurs

Risque d'anomalies	Enregistrement de l'opération dans le mauvais exercice financier

Procédures de contrôle	Aspects à considérer	Oui	Non	S/O
	Enregistrement rapide de tous les chèques émis, de tous les transferts effectués et de tous les débits au compte bancaire			
	Procédures de démarcation en place afin d'assurer que les paiements effectués au cours de l'exercice sont enregistrés aux livres dans les décaissements de l'exercice financier concerné			
	Supervision de ces procédures			
	Autres			
	Fonctions, ci-haut, supportées par une séparation des tâches appropriées en concordance avec des modalités d'accès restreint aux registres, fichiers et applications (accès logique et physique)			
	Fonctions, ci-haut, exercées ❐ manuellement ❐ assisté par ordinateur et/ou ❐ par contrôles entièrement automatisés (voir feuille sommaire)			

Éléments provenant de procédures de contrôle qui ont un effet généralisé

Éléments provenant de l'environnement de contrôle et du système d'information et communication

Évaluation du risque lié au contrôle :	**Faible ❒**	**Modéré ❒**	**Élevé ❒**

Décaissements – D6

Postes et assertions	Classement des décaissements Évaluation et imputation de l'encaisse et des comptes fournisseurs

Risque d'anomalies	Opérations enregistrées dans le mauvais compte

Procédures de contrôle	Aspects à considérer	Oui	Non	S/O
	Existence d'un plan comptable approprié en conformité avec le référentiel comptable en vigueur			
	Validation de la codification du décaissement à enregistrer avec les pièces justificatives			
	Conciliation bancaire périodique			
	Autres			
	Fonctions, ci-haut, supportées par une séparation des tâches appropriées en concordance avec des modalités d'accès restreint aux registres, fichiers et applications (accès logique et physique)			
	Fonctions, ci-haut, exercées ❐ manuellement ❐ assisté par ordinateur et/ou ❐ par contrôles entièrement automatisés (voir feuille sommaire)			

Éléments provenant de procédures de contrôle qui ont un effet généralisé

Éléments provenant de l'environnement de contrôle et du système d'information et communication

Évaluation du risque lié au contrôle :	**Faible ❐**	**Modéré ❐**	**Élevé ❐**

Décaissements – D7

Postes et assertions	Exactitude des décaissements Évaluation et imputation de l'encaisse et des comptes fournisseurs

Risque d'anomalies	Erreur de report ou d'arithmétique

Procédures de contrôle	Aspects à considérer	Oui	Non	S/O
	Vérification de la parité du total des débits et des crédits des enregistrements au journal des décaissements			
	Validation des décaissements enregistrés au journal des décaissements avec les rapports produits et procédure de correction des erreurs décelées			
	Reports automatiques (ou vérification des reports manuels) au grand livre général et à l'auxiliaire des comptes fournisseurs			
	Balance de vérification mensuelle des comptes fournisseurs et conciliation de l'auxiliaire des comptes fournisseurs avec le compte contrôle au grand livre général			
	Autres			
	Fonctions, ci-haut, supportées par une séparation des tâches appropriées en concordance avec des modalités d'accès restreint aux registres, fichiers et applications (accès logique et physique)			
	Fonctions, ci-haut, exercées ❒ manuellement ❒ assisté par ordinateur et/ou ❒ par contrôles entièrement automatisés (voir feuille sommaire)			

Éléments provenant de procédures de contrôle qui ont un effet généralisé

Éléments provenant de l'environnement de contrôle et du système d'information et communication

Évaluation du risque lié au contrôle :	**Faible ❐**	**Modéré ❐**	**Élevé ❐**

7 Grille d'analyse spécifique des notes de débit

Grille d'analyse spécifique des notes de débit[17]

Documentation des procédures de contrôle par assertion et par type d'anomalies

Postes	Assertions	Anomalies	Séparation des tâches	Procédures
❐ **Achats** ❐ **Comptes fournisseurs**	❐ **Réalité**	❐ Note de débit non supportée par un retour de marchandise ou une erreur de prix	ND1	ND2
	❐ **Exhaustivité**	❐ Notes de débit émises, ou qui devraient être émises, ne sont pas enregistrées	ND1	ND3
	❐ **Exactitude**	❐ Notes de débit enregistrées à un montant inexact	ND1	ND4
		❐ Erreur de report ou d'arithmétique	ND1	ND7
	❐ **Séparation des périodes**	❐ Notes de débit enregistrées dans le mauvais exercice financier	ND1	ND5
	❐ **Classement**	❐ Opérations enregistrées dans le mauvais compte	ND1	ND6

[17] L'abréviation « ND » est utilisée à titre d'index dans les pages qui suivent.

Notes de débit – ND1

Documentation de la séparation des tâches

Identification des fonctions assumées par le personnel et des fonctions incompatibles

Fonctions	Autorisation	Garde de l'actif	Enregistrement				Autres
			Expédition	Notes de débit	Registres	Comptes fournisseurs	
Expédition de marchandises retournées aux fournisseurs		✓					
Préparation d'un bon d'expédition			✓				
Autorisation de l'avis d'expédition	✓						
Identification d'erreurs dans la facturation des fournisseurs et notification du fournisseur				✓			
Préparation des notes de débit				✓			
Autorisation des notes de débit	✓						
Suivi de la séquence numérique des notes de débit							✓
Appariement des notes de débit avec les documents sources				✓			
Entrée aux registres comptables					✓		

Fonctions	Autorisation	Garde de l'actif	Enregistrement				Autres
			Expédition	Notes de débit	Registres	Comptes fournisseurs	
Validation des entrées comptables							✓
Entrée à l'auxiliaire des créditeurs						✓	
Conciliation des entrées aux registres et des entrées à l'auxiliaire des créditeurs							✓
Préparation de la balance de vérification des comptes fournisseurs et de la liste chronologique des comptes fournisseurs						✓	
Revue de la liste chronologique des créditeurs							✓
Conciliation de l'auxiliaire des créditeurs, de la balance de vérification et du grand livre général							✓
Réception des états de compte							✓
Conciliation des états de compte avec les soldes à l'auxiliaire des créditeurs							✓

Le principe : Tâches qui, si elles sont assumées par une même personne, permettent à cette personne de commettre une fraude ou une erreur et que celle-ci passe inaperçue.

Au préalable : Les fonctions générales du traitement des données devraient être distinctes et ne pas être reliées aux autres fonctions ci-haut.

→ Tenir compte des modalités d'accès aux données et applications (accès logique : mots de passe, code d'identification et accès physique aux infrastructures technologiques).

Notes de débit – ND2

Postes et assertions	Réalité des notes de débit Exhaustivité des comptes fournisseurs

Risque d'anomalies	Notes de débit non supportées par un retour de marchandises ou une erreur de prix

Procédures de contrôle	Aspects à considérer	Oui	Non	S/O
	Procédures pour l'émission et l'autorisation des notes de débit sont clairement établies et sont effectuées par des personnes appropriées			
	Utilisation de formulaires de notes de débit prénumérotés, contrôle des formulaires inutilisés et enquête sur les formulaires utilisés plus d'une fois			
	Préparation des notes de débit à partir des avis autorisés de correction des comptes fournisseurs ou des avis de marchandises retournées			
	Annulation des avis d'expédition de marchandises retournées et des avis de correction des comptes fournisseurs afin d'éviter leur double utilisation			
	Autres			
	Fonctions, ci-haut, supportées par une séparation des tâches appropriées en concordance avec des modalités d'accès restreint aux registres, fichiers et applications (accès logique et physique)			
	Fonctions, ci-haut, exercées ❒ manuellement ❒ assisté par ordinateur et/ou ❒ par contrôles entièrement automatisés (voir feuille sommaire)			

Éléments provenant de procédures de contrôle qui ont un effet généralisé

Éléments provenant de l'environnement de contrôle et du système d'information et communication

Évaluation du risque lié au contrôle :	**Faible ❐**	**Modéré ❐**	**Élevé ❐**

Notes de débit – ND3

Postes et assertions	Exhaustivité des notes de débit Existence des comptes fournisseurs

Risque d'anomalies	Notes de débit émises ou qui devraient être émises non enregistrées aux livres

Procédures de contrôle	Aspects à considérer	Oui	Non	S/O
	Utilisation de formulaires prénumérotés pour les avis d'expédition des marchandises retournées, les avis de correction des comptes fournisseurs et les notes de débit; suivi de leur séquence numérique et enquête sur tous les numéros manquants			
	Acheminement rapide d'une copie des avis d'expédition des marchandises retournées à la comptabilité			
	Traitement rapide des notes de débit			
	Appariement des avis d'expédition des marchandises retournées et des avis de correction des comptes fournisseurs avec les notes de débit et suivi de tout document non apparié			
	Conciliation des notes de débit émises et des entrées aux registres comptables			
	Conciliation des états de compte des fournisseurs			
	Revue de la conciliation des états de compte des fournisseurs			
	Autres			
	Fonctions, ci-haut, supportées par une séparation des tâches appropriées en concordance avec des modalités d'accès restreint aux registres, fichiers et applications (accès logique et physique)			
	Fonctions, ci-haut, exercées ❒ manuellement ❒ assisté par ordinateur et/ou ❒ par contrôles entièrement automatisés (voir feuille sommaire)			

Éléments provenant de procédures de contrôle qui ont un effet généralisé

Éléments provenant de l'environnement de contrôle et du système d'information et communication

Évaluation du risque lié au contrôle :	**Faible ❒**	**Modéré ❒**	**Élevé ❒**

Notes de débit – ND4

Postes et assertions	Exactitude des notes de débit Évaluation et imputation des comptes fournisseurs

Risque d'anomalies	Notes de débit enregistrées à un montant inexact

Procédures de contrôle	Aspects à considérer	Oui	Non	S/O
	Validation des données entrées sur les notes de débit avec les bons d'expédition des marchandises retournées aux fournisseurs et avec les factures des fournisseurs (prix, quantités, escomptes, taxes, etc.)			
	Validation arithmétique des notes de débits			
	Validation des notes de débit enregistrées, avec les rapports produits et suivi de toute différence			
	Autres			
	Fonctions, ci-haut, supportées par une séparation des tâches appropriées en concordance avec des modalités d'accès restreint aux registres, fichiers et applications (accès logique et physique)			
	Fonctions, ci-haut, exercées ❒ manuellement ❒ assisté par ordinateur et/ou ❒ par contrôles entièrement automatisés (voir feuille sommaire)			

Éléments provenant de procédures de contrôle qui ont un effet généralisé

Éléments provenant de l'environnement de contrôle et du système d'information et communication

Évaluation du risque lié au contrôle :	**Faible ❒**	**Modéré ❒**	**Élevé ❒**

Notes de débit – ND5

Postes et assertions	Séparation des périodes des notes de débit Existence ou exhaustivité des comptes fournisseurs

Risque d'anomalies	Enregistrement des notes de débit dans le mauvais exercice financier

Procédures de contrôle	Aspects à considérer	Oui	Non	S/O
	Enregistrement prompt aux registres comptables des notes de débit			
	Procédures de démarcation en place afin d'assurer que l'enregistrement des notes de débit respecte la comptabilité d'exercice			
	Supervision des procédures de démarcation			
	Autres			
	Fonctions, ci-haut, supportées par une séparation des tâches appropriées en concordance avec des modalités d'accès restreint aux registres, fichiers et applications (accès logique et physique)			
	Fonctions, ci-haut, exercées ❐ manuellement ❐ assisté par ordinateur et/ou ❐ par contrôles entièrement automatisés (voir feuille sommaire)			

Éléments provenant de procédures de contrôle qui ont un effet généralisé

Éléments provenant de l'environnement de contrôle et du système d'information et communication

Évaluation du risque lié au contrôle :	Faible ❐	Modéré ❐	Élevé ❐

Notes de débit – ND6

Postes et assertions	Classement des notes de débit (exactitude de l'enregistrement)

Risque d'anomalies	Opérations enregistrées dans le mauvais compte

Procédures de contrôle	Aspects à considérer	Oui	Non	S/O
	Existence d'un plan comptable approprié en conformité avec le référentiel comptable en vigueur			
	Validation de la codification des notes de débit avec les documents sources			
	Conciliation périodique de l'auxiliaire des comptes fournisseurs avec le compte contrôle au grand livre général			
	Procédures de repérage des apparentés			
	Revue et autorisation des enregistrements comptables			
	Autres			
	Fonctions, ci-haut, supportées par une séparation des tâches appropriées en concordance avec des modalités d'accès restreint aux registres, fichiers et applications (accès logique et physique)			
	Fonctions, ci-haut, exercées ❒ manuellement ❒ assisté par ordinateur et/ou ❒ par contrôles entièrement automatisés (voir feuille sommaire)			

Éléments provenant de procédures de contrôle qui ont un effet généralisé

Éléments provenant de l'environnement de contrôle et du système d'information et communication

Évaluation du risque lié au contrôle :	**Faible ❒**	**Modéré ❒**	**Élevé ❒**

Notes de débit – ND7

Postes et assertions	Exactitude des notes de débit Évaluation et imputation des comptes fournisseurs

Risque d'anomalies	Erreur de report ou d'arithmétique

Procédures de contrôle	Aspects à considérer	Oui	Non	S/O
	Validation de la parité du total des débits et crédits des enregistrements aux registres comptables			
	Validation des notes de débit enregistrées avec les rapports produits et procédure de correction des erreurs décelées			
	Reports automatiques (ou vérification des reports manuels) au grand livre général et à l'auxiliaire des comptes fournisseurs			
	Balance de vérification mensuelle des comptes fournisseurs et conciliation de l'auxiliaire des comptes fournisseurs avec le compte contrôle au grand livre général			
	Autres			
	Fonctions, ci-haut, supportées par une séparation des tâches appropriées en concordance avec des modalités d'accès restreint aux registres, fichiers et applications (accès logique et physique)			
	Fonctions, ci-haut, exercées ❒ manuellement ❒ assisté par ordinateur et/ou ❒ par contrôles entièrement automatisés (voir feuille sommaire)			

Éléments provenant de procédures de contrôle qui ont un effet généralisé

Éléments provenant de l'environnement de contrôle et du système d'information et communication

Évaluation du risque lié au contrôle :	**Faible** ❐	**Modéré** ❐	**Élevé** ❐

8 | Grille d'analyse spécifique de la fabrication

Grille d'analyse spécifique de la fabrication[18]

Documentation des procédures de contrôle par assertion et par type d'anomalies

Postes	Assertions	Anomalies	Séparation des tâches	Procédures
❒ **Stocks**	❒ **Réalité des achats et existence des stocks**	❒ Enregistrement d'opérations fictives relatives aux mouvements de marchandises	F1	F2
	❒ **Exhaustivité**	❒ Mouvements de marchandises non enregistrés aux livres	F1	F3
	❒ **Évaluation et imputation**	❒ Valorisation erronée des mouvements de marchandises : produits en cours et produits finis	F1	F4
		❒ Erreur de report ou d'arithmétique	F1	F6
		❒ Opérations enregistrées dans le mauvais compte	F1	F5

[18] L'abréviation « F » est utilisée à titre d'index dans les pages qui suivent.

Fabrication – F1

Documentation de la séparation des tâches

Identification des fonctions assumées par le personnel et des fonctions incompatibles

Fonctions	Autorisation	Garde de l'actif	Enregistrement			Autres
			Fabrication	Inventaire permanent	Prix de revient	
Réception et inspection des marchandises reçues et préparation des bons de réception		✓				
Validation des bons de réception						✓
Entrée à l'inventaire permanent				✓		
Préparation des bons de réquisition des matières premières			✓			
Approbation des bons de réquisition	✓					
Entrée des bons de réquisition de matières premières à l'inventaire permanent				✓		
Validation des entrées à l'inventaire permanent						✓
Suivi de la séquence numérique des bons de réception des matières premières						✓
Préparation des rapports de fabrication			✓			
Autorisation des rapports de fabrication	✓					

Fonctions	Autorisation	Garde de l'actif	Enregistrement			Autres
			Fabrication	Inventaire permanent	Prix de revient	
Suivi de la séquence numérique ou chronologique des rapports de fabrication						✓
Entrée à l'inventaire permanent des rapports de fabrication				✓		
Comparaison, par le service de l'entreposage, des biens reçus de la fabrication avec les rapports de fabrication		✓				
Décomptes d'inventaire effectués périodiquement, comparaison avec les registres d'inventaire permanent et explication de tous les écarts						✓
Accumulation et imputation adéquate des coûts encourus					✓	
Valorisation des produits en cours et des produits finis à l'aide des rapports autorisés de l'imputation des coûts ou valorisation selon les coûts standards					✓	
Analyse des écarts entre les coûts réels et les coûts standards					✓	
Modification au coût standard					✓	
Autorisation des modifications	✓					

Le principe : Tâches qui, si elles sont assumées par une même personne, permettent à cette personne de commettre une fraude ou une erreur et que celle-ci passe inaperçue.

Au préalable : Les fonctions générales du traitement des données devraient être distinctes et ne pas être reliées aux autres fonctions ci-haut.

→ Tenir compte des modalités d'accès aux données et applications (accès logique : mots de passe, code d'identification et accès physique aux infrastructures technologiques).

Fabrication – F2

Postes et assertions	Existence – Mouvement des marchandises

Risque d'anomalies	Enregistrement d'opérations fictives relatives aux mouvements des marchandises

Procédures de contrôle	Aspects à considérer	Oui	Non	S/O
	Bons de réception préparés, signés et datés après avoir inspecté, compté, pesé et mesuré les biens reçus			
	Contrôle des formulaires de réquisition de matières premières			
	Bons de réquisition de matières premières approuvés par un responsable de la fabrication autorisé, exigés pour toute sortie de matières premières			
	Mise à jour de l'inventaire permanent par une personne appropriée, à partir des sorties de matières premières et des rapports de fabrication approuvés par un responsable de la fabrication			
	Contrôle par le service d'entreposage des biens reçus de la fabrication (poids, mesure, quantité) et comparaison avec les rapports de fabrication autorisés			
	Autres			
	Fonctions, ci-haut, supportées par une séparation des tâches appropriées en concordance avec des modalités d'accès restreint aux registres, fichiers et applications (accès logique et physique)			
	Fonctions, ci-haut, exercées ❐ manuellement ❐ assisté par ordinateur et/ou ❐ par contrôles entièrement automatisés (voir feuille sommaire)			

Éléments provenant de procédures de contrôle qui ont un effet généralisé

Éléments provenant de l'environnement de contrôle et du système d'information et communication

Évaluation du risque lié au contrôle :	**Faible ❒**	**Modéré ❒**	**Élevé ❒**

Fabrication – F3

Postes et assertions	Exhaustivité – Mouvement de marchandises
Risque d'anomalies	Mouvements de marchandises non enregistrés aux livres

Procédures de contrôle	Aspects à considérer	Oui	Non	S/O
	Bon de réception de marchandises prénuméroté, acheminé promptement au service de l'inventaire et au service de la comptabilité			
	Bon de réquisition de matières premières prénuméroté et approuvé par un responsable de la fabrication autorisé, exigé pour toute sortie de marchandises			
	Copie des bons de réquisition de matières premières acheminée promptement au service de la comptabilité			
	Suivi de la suite numérique des bons de réquisition de matières premières et des bons de réception des matières premières et enquête sur tous les numéros manquants			
	Rapports de fabrication (matières premières utilisées, gâchées, endommagées ou retournées en inventaire ou fabrication de biens finis) préparés et autorisés par un responsable de la fabrication			
	Rapports de fabrication acheminés promptement au service de la comptabilité et au service de l'inventaire			
	Suivi de la suite numérique ou chronologique des rapports de fabrication et enquête sur tout rapport manquant			
	Mise à jour de l'inventaire permanent par une personne appropriée, à partir des sorties de matières premières et des rapports de fabrication approuvés par un responsable de la fabrication autorisé			
	Contrôle par le service de l'entreposage des biens reçus de la fabrication (poids, mesure, quantité) et comparaison avec les rapports de fabrication			
	Autres			
	Fonctions, ci-haut, supportées par une séparation des tâches appropriées en concordance avec des modalités d'accès restreint aux registres, fichiers et applications (accès logique et physique)			
	Fonctions, ci-haut, exercées ❐ manuellement ❐ assisté par ordinateur et/ou ❐ par contrôles entièrement automatisés (voir feuille sommaire)			

Éléments provenant de procédures de contrôle qui ont un effet généralisé

Éléments provenant de l'environnement de contrôle et du système d'information et communication

Évaluation du risque lié au contrôle :	**Faible ❒**	**Modéré ❒**	**Élevé ❒**

Fabrication – F4

Postes et assertions	Évaluation et imputation – Mouvements de marchandises

Risque d'anomalies	Valorisation erronée des mouvements de marchandises : produits en cours et produits finis

Procédures de contrôle	Aspects à considérer	Oui	Non	S/O
	Accumulation et imputation adéquates des coûts encourus de matières premières, de main-d'œuvre directe et des frais généraux de fabrication			
	Valorisation des produits en cours et des produits finis à l'aide des rapports autorisés de l'imputation des coûts			
	Revue de la valorisation des produits en cours et des produits finis par une personne autorisée			
	Analyse des écarts entre les coûts réels et les coûts standards par des responsables de la fabrication et de la comptabilité			
	Autres			
	Fonctions, ci-haut, supportées par une séparation des tâches appropriées en concordance avec des modalités d'accès restreint aux registres, fichiers et applications (accès logique et physique)			
	Fonctions, ci-haut, exercées ❐ manuellement ❐ assisté par ordinateur et/ou ❐ par contrôles entièrement automatisés (voir feuille sommaire)			

Éléments provenant de procédures de contrôle qui ont un effet généralisé

Éléments provenant de l'environnement de contrôle et du système d'information et communication

Évaluation du risque lié au contrôle :	**Faible ❒**	**Modéré ❒**	**Élevé ❒**

Fabrication – F5

Postes et assertions	Évaluation et imputation – Mouvement de marchandises

Risque d'anomalies	Opération enregistrée dans le mauvais compte

Procédures de contrôle	Aspects à considérer	Oui	Non	S/O
	Existence d'un plan comptable approprié en conformité avec le référentiel comptable en vigueur			
	Validation de la codification des salaires enregistrés			
	Revue et autorisation des enregistrements comptables			
	Conciliation périodique des registres d'inventaire avec la liste des stocks et le compte contrôle au grand livre général			
	Autres			
	Fonctions, ci-haut, supportées par une séparation des tâches appropriées en concordance avec des modalités d'accès restreint aux registres, fichiers et applications (accès logique et physique)			
	Fonctions, ci-haut, exercées ❐ manuellement ❐ assisté par ordinateur et/ou ❐ par contrôles entièrement automatisés (voir feuille sommaire)			

Éléments provenant de procédures de contrôle qui ont un effet généralisé

Éléments provenant de l'environnement de contrôle et du système d'information et communication

Évaluation du risque lié au contrôle :	**Faible ❒**	**Modéré ❒**	**Élevé ❒**

Fabrication – F6

Postes et assertions	Évaluation et imputation – Mouvement de marchandises
Risque d'anomalies	Erreur de report ou d'arithmétique

Procédures de contrôle	Aspects à considérer	Oui	Non	S/O
	Validation de la parité du total des débits et crédits			
	Conciliation des enregistrements comptables avec les différents rapports et analyses reliés à la production et au stock			
	Reports automatiques (ou vérification des reports manuels)			
	Conciliation des registres d'inventaire avec la liste du stock et le compte contrôle au grand livre général			
	Autres			
	Fonctions, ci-haut, supportées par une séparation des tâches appropriées en concordance avec des modalités d'accès restreint aux registres, fichiers et applications (accès logique et physique)			
	Fonctions, ci-haut, exercées ❐ manuellement ❐ assisté par ordinateur et/ou ❐ par contrôles entièrement automatisés (voir feuille sommaire)			

Éléments provenant de procédures de contrôle qui ont un effet généralisé

Éléments provenant de l'environnement de contrôle et du système d'information et communication

Évaluation du risque lié au contrôle :	**Faible ❑**	**Modéré ❑**	**Élevé ❑**

9 | Grille d'analyse spécifique des salaires

Grille d'analyse spécifique des salaires[19]

Documentation des procédures de contrôle par assertion et par type d'anomalies

Postes	Assertions	Anomalies	Séparation des tâches	Procédures
❒ **Salaires** ❒ **Salaires à payer**	❒ **Réalité**	❒ Employés payés pour du travail qu'ils n'ont pas effectué	S1	S2
		❒ Salaire non enregistré bien que le service ait été reçu		S3
	❒ **Exhaustivité**	❒ Salaire non enregistré bien que le service ait été reçu	S1	S4
	❒ **Exactitude**	❒ Montant de salaire ou des déductions à la source inappropriés	S1	S5
		❒ Erreur de report ou d'arithmétique	S1	S8
	❒ **Séparation des périodes**	❒ Salaire enregistré dans le mauvais exercice financier	S1	S6
	❒ **Classement**	❒ Opérations enregistrées dans le mauvais compte	S1	S7

[19] L'abréviation « S » est utilisée à titre d'index dans les pages qui suivent.

Salaires – S1

Documentation de la séparation des tâches

Identification des fonctions assumées par le personnel et des fonctions incompatibles

Fonctions	Autorisation	Garde de l'actif	Enregistrement					Autres
			Personnel	Employé	Paie	Registre de paie	Chèques ou virements	
Embauche et mise à pied du personnel	✓							
Mise à jour des dossiers d'employés concernant les embauches, mises à pied, taux de salaire			✓					
Préparation des feuilles de temps, des cartes de pointage				✓				
Autorisation des feuilles de temps, cartes de pointage	✓							
Autorisation du temps supplémentaire	✓							
Autorisation des congés, maladies, etc.	✓							
Autorisation du sommaire des ventes par vendeur	✓							
Calcul de la paie par employé, à partir des documents sources autorisés					✓			
Validation des calculs de la paie								✓
Entrée au journal des salaires						✓		

Fonctions	Autorisation	Garde de l'actif	Enregistrement					Autres
			Personnel	Employé	Paie	Registre de paie	Chèques ou virements	
Préparation des chèques de paie ou des virements							✓	
Signature des chèques ou des virements	✓							
Transfert du montant total de la paie au compte salaire	✓							
Distribution des chèques, avis bancaires aux employés ou talons de paie		✓						✓
Réception des états de compte bancaires des comptes salaires								✓
Conciliation bancaire des comptes de salaire						✓		
Suivi de la séquence numérique des chèques de paie								✓
Conciliation globale des heures de salaires de production avec les rapports de production et des commissions des vendeurs avec les rapports de ventes								✓
Contrôle budgétaire et analyse des écarts								✓

Le principe : Tâches qui, si elles sont assumées par une même personne, permettent à cette personne de commettre une fraude ou une erreur et que celle-ci passe inaperçue.

Au préalable : Les fonctions générales du traitement des données devraient être distinctes et ne pas être reliées aux autres fonctions ci-haut.

→ Tenir compte des modalités d'accès aux données et applications (accès logique : mots de passe, code d'identification et accès physique aux infrastructures technologiques).

Salaires – S2

Postes et assertions	Réalité des salaires Existence des salaires à payer

Risque d'anomalies	Employés payés pour du travail qu'ils n'ont pas effectué

Procédures de contrôle	Aspects à considérer	Oui	Non	S/O
	Utilisation de documents tels que feuilles de temps, cartes de pointage, sommaires des ventes, etc., justifiant le travail effectué et autorisation par une personne appropriée			
	Mécanismes de contrôle concernant l'autorisation des heures supplémentaires			
	Vérification, par le service de la paie, des documents autorisés justifiant le travail effectué			
	Conciliation globale des heures des salaires de fabrication avec les rapports de fabrication et conciliation des commissions avec les rapports de ventes			
	Contrôle budgétaire et analyse des écarts			
	Autres			
	Fonctions, ci-haut, supportées par une séparation des tâches appropriées en concordance avec des modalités d'accès restreint aux registres, fichiers et applications (accès logique et physique)			
	Fonctions, ci-haut, exercées ❒ manuellement ❒ assisté par ordinateur et/ou ❒ par contrôles entièrement automatisés (voir feuille sommaire)			

Éléments provenant de procédures de contrôle qui ont un effet généralisé

Éléments provenant de l'environnement de contrôle et du système d'information et communication

Évaluation du risque lié au contrôle :	**Faible ❒**	**Modéré ❒**	**Élevé ❒**

Salaires – S3

Postes et assertions	Réalité des salaires Existence des salaires à payer

Risque d'anomalies	Employés fictifs ou maintien d'employés qui ont quitté

Procédures de contrôle	Aspects à considérer	Oui	Non	S/O
	Séparation du service du personnel et de celui de la paie			
	Lignes directrices concernant l'embauche et la mise à pied du personnel			
	Dossiers d'employés tenus par le service du personnel et régulièrement comparés avec ceux du service de la paie			
	Avis écrits et autorisés par le service du personnel informant des changements aux dossiers des employés (arrivées, départs, maladies, etc.) promptement acheminés au service de la paie			
	Chèques prénumérotés et contrôle des formulaires inutilisés			
	Signature des chèques ou des transferts bancaires par des personnes appropriées			
	Distribution des chèques ou des avis de paiement par une personne appropriée, identification des employés au moment de la distribution et contrôle des documents non réclamés			
	Compte bancaire distinct et dépôt du montant exact de la paie totale			
	Approbation de la paie			
	Conciliation bancaire effectuée par une personne appropriée			
	Contrôle budgétaire et analyse des écarts			
	Autres			
	Fonctions, ci-haut, supportées par une séparation des tâches appropriées en concordance avec des modalités d'accès restreint aux registres, fichiers et applications (accès logique et physique)			
	Fonctions, ci-haut, exercées ❐ manuellement ❐ assisté par ordinateur et/ou ❐ par contrôles entièrement automatisés (voir feuille sommaire)			

Éléments provenant de procédures de contrôle qui ont un effet généralisé

Éléments provenant de l'environnement de contrôle et du système d'information et communication

Évaluation du risque lié au contrôle :	**Faible ❒**	**Modéré ❒**	**Élevé ❒**

Salaires – S4

Postes et assertions	Exhaustivité des salaires Exhaustivité des salaires à payer

Risque d'anomalies	Salaires non enregistrés bien que le service ait été reçu

Procédures de contrôle	Aspects à considérer	Oui	Non	S/O
	Tous les changements aux dossiers des employés sont promptement acheminés au service de la paie			
	Conciliation globale des salaires avec les rapports de ventes (commissions), de fabrication (heures de fabrication), les salaires de l'administration budgétés (salaires administration)			
	Conciliation bancaire afin de repérer tout chèque non enregistré			
	Revue de la conciliation bancaire			
	Chèques prénumérotés, contrôle des formulaires inutilisés, contrôle de la séquence numérique des chèques			
	Autres			
	Fonctions, ci-haut, supportées par une séparation des tâches appropriées en concordance avec des modalités d'accès restreint aux registres, fichiers et applications (accès logique et physique)			
	Fonctions, ci-haut, exercées ❐ manuellement ❐ assisté par ordinateur et/ou ❐ par contrôles entièrement automatisés (voir feuille sommaire)			

Éléments provenant de procédures de contrôle qui ont un effet généralisé

Éléments provenant de l'environnement de contrôle et du système d'information et communication

Évaluation du risque lié au contrôle : **Faible ❒** **Modéré ❒** **Élevé ❒**

Salaires – S5

Postes et assertions	Exactitude des salaires Évaluation et imputation des salaires et charges sociales à payer

Risque d'anomalies	Montants des salaires ou des déductions à la source inappropriés

Procédures de contrôle	Aspects à considérer	Oui	Non	S/O
	Lignes directrices concernant la rémunération des employés (taux, avantages sociaux, etc.)			
	Les taux et les changements de taux de salaire sont autorisés par le service du personnel et promptement acheminés au service de la paie			
	Lignes directrices concernant l'autorisation du temps supplémentaire			
	Formulaires de déductions à la source à jour au dossier de l'employé			
	Utilisation de tables de déductions à jour			
	Bordereaux de paie donnant le détail des déductions remis aux employés			
	Vérification régulière des taux utilisés avec les dossiers des employés au service de la paie effectuée par une personne appropriée			
	Comparaison régulière, par une personne appropriée, des dossiers d'employés conservés au service de la paie avec les dossiers tenus au service du personnel			
	Approbation de la paie			
	Préparation automatisée ou vérification des calculs manuels			
	Autres			
	Fonctions, ci-haut, supportées par une séparation des tâches appropriées en concordance avec des modalités d'accès restreint aux registres, fichiers et applications (accès logique et physique)			
	Fonctions, ci-haut, exercées ❒ manuellement ❒ assisté par ordinateur et/ou ❒ par contrôles entièrement automatisés (voir feuille sommaire)			

Éléments provenant de procédures de contrôle qui ont un effet généralisé

Éléments provenant de l'environnement de contrôle et du système d'information et communication

Évaluation du risque lié au contrôle :	**Faible ❐**	**Modéré ❐**	**Élevé ❐**

Salaires – S6

Postes et assertions	Séparation des périodes des salaires Existence ou exhaustivité des salaires à payer

Risque d'anomalies	Salaires enregistrés dans le mauvais exercice financier

Procédures de contrôle	Aspects à considérer	Oui	Non	S/O
	Procédures spécifiques de fin de période afin de respecter la comptabilité d'exercice et supervision de ces procédures			
	Lignes directrices concernant les avances accordées aux employés afin de s'assurer que toutes les rémunérations soient comptabilisées en fin d'exercice			
	Révision des dossiers d'employés en fin d'exercice pour s'assurer que toutes les rémunérations ont été comptabilisées (bonis, indemnités de départ, avantages imposables, etc.)			
	Autres			
	Fonctions, ci-haut, supportées par une séparation des tâches appropriées en concordance avec des modalités d'accès restreint aux registres, fichiers et applications (accès logique et physique)			
	Fonctions, ci-haut, exercées ❒ manuellement ❒ assisté par ordinateur et/ou ❒ par contrôles entièrement automatisés (voir feuille sommaire)			

Éléments provenant de procédures de contrôle qui ont un effet généralisé

Éléments provenant de l'environnement de contrôle et du système d'information et communication

Évaluation du risque lié au contrôle :	**Faible ❒**	**Modéré ❒**	**Élevé ❒**

Salaires – S7

Postes et assertions	Classement des salaires (exactitude de l'enregistrement)

Risque d'anomalies	Opération enregistrée dans le mauvais compte

Procédures de contrôle	Aspects à considérer	Oui	Non	S/O
	Existence d'un plan comptable approprié en conformité avec le référentiel comptable en vigueur			
	Validation de la codification des salaires enregistrés			
	Procédures de repérage des apparentés			
	Contrôle budgétaire et explication des écarts			
	Approbation de l'imputation comptable de la paie			
	Production annuelle des T4 et conciliation avec les registres comptables			
	Autres			
	Fonctions, ci-haut, supportées par une séparation des tâches appropriées en concordance avec des modalités d'accès restreint aux registres, fichiers et applications (accès logique et physique)			
	Fonctions, ci-haut, exercées ❒ manuellement ❒ assisté par ordinateur et/ou ❒ par contrôles entièrement automatisés (voir feuille sommaire)			

Éléments provenant de procédures de contrôle qui ont un effet généralisé

Éléments provenant de l'environnement de contrôle et du système d'information et communication

Évaluation du risque lié au contrôle :	**Faible ❒**	**Modéré ❒**	**Élevé ❒**

Salaires – S8

Postes et assertions	Exactitude des salaires Évaluation et imputation des salaires et charges sociales à payer

Risque d'anomalies	Erreur de report ou d'arithmétique

Procédures de contrôle	Aspects à considérer	Oui	Non	S/O
	Validation de la parité du total des débits et crédits des enregistrements au journal des salaires			
	Validation des enregistrements effectués au journal des salaires avec les rapports produits (conciliation total paie brute, total paie nette, etc.) : procédure de correction des erreurs décelées			
	Reports automatiques (ou vérification des reports manuels) au grand livre général			
	Autres			
	Fonctions, ci-haut, supportées par une séparation des tâches appropriées en concordance avec des modalités d'accès restreint aux registres, fichiers et applications (accès logique et physique)			
	Fonctions, ci-haut, exercées ❐ manuellement ❐ assisté par ordinateur et/ou ❐ par contrôles entièrement automatisés (voir feuille sommaire)			

Éléments provenant de procédures de contrôle qui ont un effet généralisé

Éléments provenant de l'environnement de contrôle et du système d'information et communication

Évaluation du risque lié au contrôle : **Faible ❒** **Modéré ❒** **Élevé ❒**

Annexe A

Compréhension de l'entité et son environnement

1. Aide-mémoire des aspects à considérer lors de l'acquisition de la compréhension de l'environnement externe de l'entité

(Extraits et adaptation NCA 315.11 et A24 à A29)

Facteurs sectoriels

- ❒ Le marché et la concurrence;
- ❒ La capacité de production, l'approvisionnement;
- ❒ Les activités cycliques ou saisonnières;
- ❒ Les relations avec les fournisseurs et les clients;
- ❒ La technologie des produits;

Facteurs réglementaires et référentiel d'information financière applicable

- ❒ Les principes comptables et les pratiques propres au secteur d'activité;
- ❒ Le cadre réglementaire dans le cas d'un secteur réglementé;
- ❒ Les textes légaux[20] et réglementaires ayant une incidence importante sur le fonctionnement de l'entité;
- ❒ La fiscalité (impôts sur le résultat, autres impôts et taxes);
- ❒ Les politiques des pouvoirs publics ayant actuellement une incidence sur les activités de l'entité, notamment :
    - ❒ La politique monétaire, y compris le contrôle des changes,
    - ❒ La politique fiscale,
    - ❒ Les incitations financières, les programmes d'aide publique,
    - ❒ La politique et les barrières douanières;

Autres facteurs

- ❒ Les exigences environnementales ayant une incidence sur le secteur d'activité et les affaires de l'entité;
- ❒ La conjoncture économique;
- ❒ Les possibilités de financement;
- ❒ Les taux d'intérêt;
- ❒ L'inflation;
- ❒ La monnaie.

[20] Voir également la NCA 250.

2. Aide-mémoire des aspects à considérer lors de l'acquisition de la compréhension de la nature de l'entité

(Extraits et adaptation NCA 315.11 et A30 à A35)

Objectifs particuliers

- Pouvoir comprendre les catégories d'opérations, les soldes de comptes et les informations des états financiers;
- Évaluer si les méthodes comptables de l'entité sont :
  - Appropriées compte tenu de ses activités,
  - Cohérentes avec le référentiel d'information financière applicable et les méthodes comptables en usage dans le secteur d'activité.

Exemples d'aspects à considérer

i. Activités de l'entreprise et organisation interne :

- ❒ Nature des sources de revenus, des produits ou services, et des marchés;
- ❒ Conduite des activités;
- ❒ Alliances, coentreprises et sous-traitances ou externalisations;
- ❒ Dispersion géographique et segmentation sectorielle;
- ❒ Emplacement des installations de production, des entrepôts et des bureaux, emplacement et quantités des stocks;
- ❒ Principaux clients et fournisseurs importants de biens et de services, conditions d'emploi (existence de conventions collectives, de régimes de pensions et d'autres avantages postérieurs à l'emploi, de plans d'options sur actions ou primes de rendement, de la réglementation des pouvoirs publics en matière de travail);
- ❒ Activités et frais de recherche et développement;
- ❒ Opérations avec des parties liées.

ii. Investissements :

- ❒ Acquisitions ou cessions envisagées ou réalisées récemment;
- ❒ Achats et cessions de valeurs mobilières et de prêts;
- ❒ Dépenses en immobilisations;
- ❒ Participations dans des entités non consolidées, y compris dans des sociétés de personnes, des coentreprises et des entités ad hoc.

iii. Financement et mode de propriété :

- Principales filiales et entités associées, y compris les structures consolidées et non consolidées;
- Structure de la dette et termes et conditions afférents, y compris les opérations de financement hors bilan et les opérations de crédit-bail;
- Utilisation d'instruments financiers dérivés;
- Propriétaires réels (nationaux, étrangers, réputation et expérience en affaires) et parties liées.

iv. La structure de gouvernance

v. Information financière et choix et application des méthodes comptables :

- Principes comptables et pratiques sectorielles;
- Méthodes utilisées pour comptabiliser les opérations importantes et inhabituelles;
- Pratiques en matière de comptabilisation des produits;
- Comptabilisation des justes valeurs;
- Actifs, passifs et opérations libellés en devises;
- Méthodes comptables importantes dans des domaines controversés ou nouveaux pour lesquels il n'existe pas de règles faisant autorité ou consensus;
- Changements dans les méthodes comptables.

3. Aide-mémoire des aspects à considérer lors de l'acquisition de la compréhension des stratégies de l'entité et des risques d'entreprise

(Extraits et adaptation NCA 315.11 et A36 à A42)

Objectifs particuliers

- Comprendre les risques d'entreprise ayant une incidence sur les états financiers;
- Relier le processus d'évaluation des risques d'entreprise à l'évaluation du contrôle interne.

Exemples d'aspects à considérer

- ❐ Évolution du secteur d'activité;
- ❐ Nouveaux produits et services;
- ❐ Utilisation de l'informatique;
- ❐ Expansion de l'entreprise;
- ❐ Besoins actuels et futurs en matière de financement;
- ❐ Exigences réglementaires;
- ❐ Nouvelles exigences en matière de comptabilité;
- ❐ Mise en œuvre d'une stratégie se traduisant par de nouvelles exigences en matière de comptabilité.

4. Aide-mémoire des aspects à considérer lors de l'acquisition de la compréhension des politiques et procédures de mesure et d'analyse de la performance financière de l'entité

(Extraits et adaptation NCA 315.11 et A43 à A48)

Objectifs particuliers

- Évaluer si des pressions à l'atteinte de cibles de performance peuvent amener la direction à entreprendre des actions qui augmentent les risques d'anomalies[21] significatives;
- Identifier des informations qui permettent à la direction de déceler des déficiences dans le contrôle interne.

Exemples d'aspects à considérer

- ☐ Les indicateurs clés de performance (de nature financière et non financière);
- ☐ Les ratios, tendances et statistiques d'exploitation;
- ☐ Le comparatif des performances financières par période;
- ☐ Les budgets, les prévisions, les analyses des écarts budget/réel;
- ☐ Les informations sectorielles;
- ☐ Les rapports de performance des divisions, services ou autres;
- ☐ Les évaluations de la performance du personnel;
- ☐ Les politiques de rémunération au rendement;
- ☐ Les comparaisons entre la performance de l'entité et celle de concurrents;
- ☐ Les rapports d'analystes et les rapports d'agences de notation.

[21] Ces éléments associés à des primes fondées sur la performance ou une rémunération au rendement peuvent indiquer un risque de parti pris de la part de la direction dans l'établissement des états financiers.

5. Aide-mémoire des aspects à considérer lors de l'acquisition de la compréhension des composantes du contrôle interne

5. a.i. Aide-mémoire des aspects à considérer lors de l'acquisition de la compréhension de l'environnement de contrôle

(Extraits et adaptation NCA 315.14 et A76 à A77 et annexe 1)

Objectif particulier de l'auditeur

Évaluer si :

- La direction, sous la surveillance des responsables de la gouvernance, a développé et entretient une culture d'honnêteté et de comportement éthique;
- Les points forts des éléments de l'environnement de contrôle constituent collectivement une base appropriée sur laquelle peuvent s'appuyer les autres composantes du contrôle interne;
- L'efficacité de ces autres composantes n'est pas réduite par des déficiences dans l'environnement de contrôle.

L'environnement de contrôle

Englobe :

1. Les fonctions :
    1.1. de gouvernance,
    1.2. de direction;
2. L'attitude, le degré de sensibilisation et les actions des responsables de la gouvernance et de la direction à l'égard du contrôle interne et de son importance dans l'entité;
3. Donne le ton à l'organisation;
4. Contribue à en conscientiser les membres sur l'importance du contrôle.

5. a.ii. Aide-mémoire des aspects à considérer lors de l'acquisition de la compréhension de l'environnement de contrôle

(Extraits et adaptation NCA 315.14, A76 à A75 et annexe 1)

1. Transmission et respect de valeurs d'intégrité et d'éthique

2. Importance attachée à la compétence

Par exemple :

- ❒ La prise en considération par la direction des niveaux de compétence requis pour des postes particuliers;
- ❒ La manière dont ces niveaux correspondent aux aptitudes et aux connaissances exigées.

3. Participation des responsables de la gouvernance

Les caractéristiques des responsables de la gouvernance, notamment :

- ❒ Leur indépendance par rapport à la direction;
- ❒ Leur expérience;
- ❒ Leur envergure;
- ❒ L'étendue de leur engagement;
- ❒ L'information qui leur est communiquée;
- ❒ Leur surveillance étroite des activités;
- ❒ Le caractère approprié de leurs actions, y compris la mesure dans laquelle des questions difficiles sont soulevées et suivies avec la direction;
- ❒ Leur interaction avec les auditeurs internes;
- ❒ Leur interaction avec les auditeurs indépendants.

4. Philosophie et style de gestion de la direction

Les caractéristiques de la direction, notamment :

- ❒ Son approche dans la prise et la gestion des risques d'entreprise;
- ❒ Son attitude et ses décisions à l'égard de l'information financière;
- ❒ Son attitude à l'égard du traitement de l'information, ainsi que de la fonction comptable et de son personnel.

5. Structure organisationnelle

- Le cadre dans lequel sont planifiées, exécutées, contrôlées et analysées les activités de l'entité visant la réalisation de ses objectifs.

6. Délégation de pouvoirs et de responsabilités

Par exemple :

- La façon dont sont délégués les pouvoirs et les responsabilités concernant les activités opérationnelles;
- La manière dont sont établis les liens hiérarchiques et les niveaux décisionnels.

7. Politiques et pratiques en matière de ressources humaines

Les politiques et les pratiques concernant, par exemple :

- Le recrutement;
- L'accueil;
- La formation;
- L'évaluation;
- L'aide aux employés;
- L'avancement;
- La rémunération;
- Les mesures correctives.

5. b. Aide-mémoire des aspects à considérer lors de l'acquisition de la compréhension du processus d'évaluation des risques par l'entité

(Extraits et adaptation NCA 315.15 à 17, A87-88)

Processus d'évaluation des risques par l'entité

Constitue la base à partir de laquelle la direction détermine les risques à gérer à l'égard du contrôle interne et de son importance dans l'entité.

Comprend :

- ❒ L'identification des risques d'entreprise à prendre en considération au regard des objectifs de l'information financière;
- ❒ L'estimation de l'importance des risques;
- ❒ L'évaluation de leur probabilité de réalisation;
- ❒ La décision des mesures à prendre en réponse à ces risques.

Objectif particulier de l'auditeur

Savoir si les risques d'entreprise à prendre en considération au regard des objectifs de l'information financière :

- Ont été identifiés;
- Quelles mesures ont été prises en réponse à ces risques.

Lorsque ce processus est approprié :

- Il aide l'auditeur à identifier les risques d'anomalies significatives.

Si absence de processus documenté d'évaluation des risques :

- Déterminer si cela est appropriée dans les circonstances;
- Ou déterminer si cela représente une déficience importante du contrôle interne.

5. c. Aide-mémoire des aspects à considérer lors de l'acquisition de la compréhension du système d'information

1. Pour les catégories d'opérations importantes :

- ❒ Les procédures suivies pour :
  - ❒ Le déclenchement,
  - ❒ L'enregistrement,
  - ❒ Le traitement,
  - ❒ La correction au besoin,
  - ❒ Le report au grand livre général,
  - ❒ La communication,

  de ces opérations dans les états financiers;
- ❒ Les documents comptables, les informations justificatives et les comptes spécifiques contenus dans les états financiers.

2. Pour les événements et les situations, autres que les opérations qui ont de l'importance pour les états financiers :

- ❒ La façon dont le système d'information les saisit.

3. Pour la préparation des états financiers :

- ❒ Le processus utilisé.

4. Pour les écritures de journal, y compris les écritures non courantes :

- ❒ Les contrôles afférents servant à constater les opérations ou ajustements non récurrents ou inhabituels.

5. Pour la communication de l'information concernant les rôles et les responsabilités en matière d'information financière

- ❒ Englobe
  - ❒ Les communications entre la direction et les responsables de la gouvernance;
  - ❒ Le niveau de compréhension, par les membres du personnel, de la manière dont leur rôle dans le système d'information financière est lié au travail d'autres personnes (peut prendre la forme de manuels de procédures, manuels d'information financière);
  - ❒ Les moyens dont ils disposent pour signaler les écarts à un niveau hiérarchique supérieur dans l'entité;
  - ❒ Les communications externes, par exemple avec les autorités de réglementation.

5. d. Aide-mémoire des aspects à considérer lors de l'acquisition de la compréhension des activités de contrôle pertinentes pour l'audit

(Extraits et adaptation NCA 315.20-21, A96-105)

Activités de contrôle

- Politiques et procédures qui permettent de s'assurer que les instructions de la direction sont mises en œuvre;
- Notamment celles qui ont trait :
  - Aux autorisations,
  - Aux évaluations des performances,
  - Au traitement de l'information,
  - Aux contrôles physiques,
  - À la séparation des tâches.

Objectif de l'auditeur

- Acquérir une compréhension des activités de contrôle pertinentes pour l'audit :
  - Soit celles qu'il juge nécessaires de comprendre pour évaluer les risques d'anomalies significatives au niveau des assertions;
  - Concevoir des procédures d'audit complémentaires en réponse à son évaluation des risques.

Activités de contrôle pertinentes pour l'audit

1. **Celles liées à des risques importants c'est-à-dire :**

    - Risque de fraude[22];
    - Risque lié à des faits nouveaux importants de nature économique, comptable ou autre;
    - La complexité des opérations;
    - Risque associé à des opérations importantes avec des parties liées;
    - Le degré de subjectivité dans l'évaluation des informations financières, en particulier dans les cas où l'évaluation comporte une large fourchette d'incertitude de mesure;
    - Risque associé à des opérations importantes hors du cadre normal des activités de l'entité, ou inhabituelles.

2. **Celles liées à des risques pour lesquels les procédures de corroboration seules ne peuvent fournir des éléments probants suffisants et appropriés**

    - Pour certains risques, il n'est pas possible ou faisable d'obtenir des éléments probants suffisants et appropriés au moyen de procédures de corroboration seulement. Par exemple, un traitement hautement automatisé nécessitant peu ou pas d'intervention manuelle.

3. **Celles liés à des risques liés à l'informatique**

    - La façon dont l'entité a répondu aux risques liés à l'informatique.

4. **Celles considérées comme pertinentes selon le jugement de l'auditeur[23]**

    - Influencé :
        - Par la possibilité qu'un risque qu'il a identifié puisse entraîner une anomalie significative et;
        - Par l'opportunité de tester ou non l'efficacité du fonctionnement des contrôles pour déterminer l'étendue des procédures de corroboration.

---

[22] La NCA 240 sur les responsabilités de l'auditeur concernant les fraudes lors d'un audit d'états financiers indique aux paragraphes :

26. Lors de l'identification et de l'évaluation des risques d'anomalies significatives résultant de fraudes, en se fondant sur la présomption qu'il existe des risques de fraude dans la comptabilisation des produits, l'auditeur doit évaluer quelles catégories de produits, d'opérations génératrices de produits ou d'assertions peuvent être à l'origine de tels risques.

    [Des précisions sont données] sur la documentation exigée de l'auditeur dans les cas où il conclut que la présomption ne s'applique pas dans le contexte de la mission et qu'il n'a donc pas identifié la comptabilisation des produits comme étant à l'origine d'un risque d'anomalies significatives résultant de fraudes.

27. L'auditeur doit considérer les risques d'anomalies significatives résultant de fraudes qu'il a identifiés comme des risques importants et, en conséquence [...] acquérir une compréhension des contrôles correspondants de l'entité, y compris les activités de contrôle, qui sont pertinents par rapport à ces risques.

[23] Voir également les éléments de la compréhension du système d'information pertinent pour l'information financière, en ce qui concerne la compréhension « [...] des contrôles afférents aux écritures de journal, y compris les écritures non courantes servant à constater les opérations ou ajustements non récurrents ou inhabituels ».

Particularités concernant les activités de contrôle pertinentes pour l'audit

- **Lien avec l'acquisition de la compréhension des autres composantes du contrôle interne**

  – L'auditeur s'appuie sur sa connaissance de l'existence ou de l'absence d'activités de contrôle, obtenue lors de l'acquisition de sa compréhension des autres composantes du contrôle interne, pour déterminer s'il lui faut consacrer plus d'attention à l'acquisition d'une compréhension des activités de contrôle.

- **Lien avec l'ensemble des activités de contrôle**

  – L'audit n'exige pas une compréhension de <u>toutes</u> les activités de contrôle.

- **Lien avec les activités de contrôle permettant chacune d'atteindre le même objectif**

  – Lorsque plusieurs activités de contrôle permettent chacune d'atteindre le même objectif, il n'est pas nécessaire d'acquérir une compréhension de chacune d'elles.

- **Lien avec les risques d'anomalies significatives susceptibles d'être plus élevés**

  – L'auditeur peut mettre l'accent sur l'identification et l'acquisition d'une compréhension des activités de contrôle qui portent sur les aspects où il considère que les risques d'anomalies significatives sont susceptibles d'être plus élevés.

5. e. Aide-mémoire des aspects à considérer lors de l'acquisition de la compréhension du suivi des contrôles

(Extraits et adaptation NCA 315.22-24, A106-117)

Objectifs du suivi des contrôles

- Évaluer l'efficacité du fonctionnement du contrôle interne au fil du temps;
- Évaluer l'efficacité des contrôles en temps opportun;
- Prendre les mesures correctives nécessaires.

Nature du suivi[24]

La direction fait le suivi des contrôles par :

- Des activités continues (les activités de suivi continues sont souvent intégrées aux activités récurrentes normales d'une entité et comprennent des activités courantes de gestion et de supervision);
- Des évaluations ponctuelles;
- Une utilisation d'informations en provenance de tiers telles les plaintes des clients et les commentaires des autorités de réglementation.

Rôle de l'auditeur

Acquérir une compréhension :

- ❒ Des **principaux moyens utilisés** par l'entité pour faire le suivi du contrôle interne portant sur l'information financière;
- ❒ De la façon dont procède l'entité pour apporter des **mesures correctives** aux déficiences de ses contrôles;
- ❒ Des **sources de l'information** utilisée dans le cadre des activités de suivi de l'entité.

[24] Incluant la présence d'une fonction d'audit interne.

Annexe B
Objectifs de l'auditeur

1. Objectifs de l'auditeur en ce qui a trait à l'acquisition de la compréhension de l'entité et de son environnement, y compris de son contrôle interne

(Extraits et adaptation NCA 315.3, .25 et A1)

1. **Identification et évaluation des risques d'anomalies significatives**

    - Identification et évaluation des risques d'anomalies significatives (fraudes ou erreurs) au niveau des états financiers;
    - Identification et évaluation des risques d'anomalies significatives (fraudes ou erreurs) au niveau des assertions.

2. **Réponses à l'évaluation des risques d'anomalies significatives**

    - Base pour concevoir et mettre en œuvre des réponses à son évaluation des risques d'anomalies significatives.

3. **Cadre de référence pour la planification de l'audit et l'exercice du jugement professionnel tout au long de la mission pour les autres éléments suivants. Par exemple :**

    - Le seuil de signification;
    - Le caractère approprié du choix et de l'application des méthodes comptables;
    - Le caractère adéquat des informations fournies dans les états financiers;
    - Les questions nécessitant une attention particulière dans le cadre de la mission;
    - Les résultats attendus qui seront utilisés lors de la mise en œuvre des procédures analytiques;
    - Le caractère suffisant et approprié des éléments probants recueillis.

2. Identification et évaluation des risques d'anomalies significatives

(Extraits et adaptation NCA 315.26 et A1)

L'auditeur doit :

1) Identifier les risques;
2) Évaluer les risques identifiés et déterminer s'ils se répercutent de manière généralisée sur les états financiers pris dans leur ensemble et peuvent affecter de nombreuses assertions;
3) Faire un lien entre les risques identifiés et les problèmes pouvant survenir au niveau des assertions, en tenant compte des contrôles pertinents qu'il a l'intention de tester;
4) Examiner la probabilité de l'existence d'une anomalie, y compris la possibilité d'anomalies multiples;
5) Déterminer si l'anomalie potentielle est d'une ampleur telle qu'elle pourrait constituer une anomalie significative.

3. Procédures d'évaluation des risques

(Extraits et adaptation NCA 315, 5 à 10 et A14 à A23)

- ❐ **demandes d'information** auprès :
  - ❐ de la direction;
  - ❐ de personnes au sein de la fonction d'audit interne;
  - ❐ d'autres personnes, par exemple :
    - – Responsables de la gouvernance,
    - – Employés intervenant dans le déclenchement, le traitement ou l'enregistrement d'opérations,
    - – Conseiller juridique interne,
    - – Personnel marketing ou commercial,
    - – Fonction de gestion des risques (ou des personnes qui endossent ce rôle),
    - – Personnel des systèmes d'information;
- ❐ **procédures analytiques**
- ❐ **observations physiques et des inspections :**
  - ❐ les activités de l'entité;
  - ❐ des documents :
    - – les plans d'affaires et les stratégies,
    - – les livres comptables,
    - – les manuels de contrôle interne;
  - ❐ les rapports produits par la direction :
    - – les rapports de gestion trimestriels,
    - les états financiers intermédiaires,
    - – les procès-verbaux des réunions du conseil d'administration,
  - ❐ les établissements et les installations de production de l'entité;
- ❐ **Examen d'autres informations (si utiles) :**
  - ❐ les revues de commerce ou d'économie;
  - ❐ les rapports rédigés par des analystes, des banques ou des agences de notation;
  - ❐ Les publications réglementaires ou financières.
- ❐ **Informations obtenues lors :**
  - ❐ de l'acceptation ou la reconduction de la mission;
  - ❐ d'autres missions effectuées;
  - ❐ des audits des exercices précédents;
- ❐ **Entretiens entre les membres de l'équipe de mission**

4. Évaluation de la conception et de la mise en place des contrôles pertinents

(Extraits et adaptation NCA 315.12 -.13 et A49 à A72)

- **Évaluation de la conception des contrôles pertinents**
  - Considérer si le contrôle, seul ou en association avec d'autres, est efficace pour prévenir, ou détecter et corriger, les anomalies significatives.
  - Un contrôle mal conçu peut constituer une déficience importante du contrôle interne
- **Détermination s'ils ont été mis en place**
  - Mise en place d'un contrôle : le contrôle existe et l'entité l'utilise.
- **Éléments probants** supportant l'évaluation de la conception et la mise en place des contrôles pertinents :
  - demandes d'information auprès du personnel de l'entité;
  - observation de l'application de contrôles particuliers;
  - inspection de documents et de rapports;
  - suivi du cheminement d'opérations à travers le système d'information pertinent pour l'information financière.

  Les demandes d'information ne sont pas suffisantes, à elles seules, pour évaluer la conception et la mise en place des contrôles pertinents.

Annexe C
Exemples de tests des contrôles

Exemples de procédures de contrôle	Exemples de tests des contrôles
A. Conception et utilisation de documents et registres appropriés	
– Commande de clients; – Approbation du crédit; – Bordereau d'expédition; – Factures de vente; – Journal des ventes; – Registre auxiliaire des comptes clients; – Liste chronologique des comptes clients; – Relevés de comptes.	– Inspection de la documentation et de la manière dont elle est utilisée (toutes les activités pertinentes y sont consignées); – Observation et discussion avec le personnel sur la manière dont la documentation est utilisée.
B. Autorisation adéquate des opérations et des activités	
– Autorisation des conditions de la vente; – Autorisation du crédit; – Autorisation des prix et des changements de prix; – Autorisation des factures; – Autorisation des entrées comptables; – Autorisation des radiations de mauvaises créances.	– Inspection des lignes directrices sur le processus d'autorisation et sur l'à propos de celles-ci; – Observation et discussion avec les personnes concernées sur la manière dont les autorisations sont attribuées; – Inspection des documents démontrant que les autorisations y paraissent et qu'elles sont appropriées dans ces circonstances.
C. Surveillance de l'accès aux actifs et aux registres et la surveillance de leur utilisation	
– Accès limité à la zone d'expédition; – Contrôle des marchandises lors de la sortie des marchandises; – Protection des documents donnant accès aux biens et permettant leur sortie; – Protection des registres comptables.	– Observation des moyens de protection utilisés et discussion sur la manière dont ils sont utilisés et la période de leur utilisation; – Observation et discussion de la protection des documents donnant l'accès aux biens; – Test des mécanismes de sécurité des systèmes permettant l'accès aux données et aux biens.
D. Séparation des tâches	
– La séparation des tâches.	– Discussion et observation de la séparation des tâches; – Inspection de la documentation attestant cette mise en application de la séparation des tâches.

E. L'audit de l'exactitude des montants comptabilisés et l'audit informatisé ou manuel de l'exercice des contrôles	
E.1 Validation des données	
– Contrôle, lors de l'expédition, des marchandises expédiées avec le bon de livraison et le bon de commande; – Contrôle des différents éléments de la facture (prix, liste de prix, bon de commande, quantité, bon de livraison, arithmétique); – Annulation des documents après leur traitement (bons de livraison, factures).	– Observation et discussion avec le personnel chargé de l'application de ces contrôles; – Inspection de l'évidence de l'application de ces contrôles (signatures, initiales); – Réexécution de l'exercice du contrôle (par exemple, refaire le contrôle des différents éléments apparaissant sur la facture).
E.2 Conciliations effectuées entre les divers documents, rapports et registres	
– Suivi sur la séquence numérique des numéros de bons de livraison et des factures, sur les numéros utilisés plus d'une fois, sur les numéros manquants et suivi sur les anomalies; – Appariement des bons de livraison et des factures, identification des documents non appariés et suivi sur ceux-ci; – Conciliation entre la facturation et les entrées au journal des ventes, à l'auxiliaire des comptes clients et au grand livre général; – Conciliation de la liste chronologique des comptes clients, l'auxiliaire des comptes clients et le grand livre général; – Conciliation des relevés de compte et l'auxiliaire des comptes clients.	– Observation et discussion de la manière dont les conciliations sont effectuées, par qui et comment elles le sont et de quelle façon les suivis sont effectués; – Inspection de l'évidence des conciliations et du suivi effectué; – Réexécution de l'exercice des contrôles (refaire certains éléments de conciliations attestant leur bon fonctionnement).
E.3 Étude et analyse critique des rapports informatiques, du contenu des registres comptables et des rapports de gestion	
– Revue des registres comptables; – Revue des rapports des commandes en suspens, annulées ou non-disponibles; – Revue de la liste chronologique des comptes clients et des comptes présentant des difficultés d'encaissement; – Revue des analyses de marge brute.	– Inspection de l'évidence de telles revues et du suivi effectué, le cas échéant; – Discussion avec le personnel concerné de la manière dont ces revues sont effectuées et comment des actions correctrices sont mises en marche.

Made in the USA
Monee, IL
06 November 2026

67911416R00136